Kavala
Gazoros
Philipi
Krinides
Palia Kavala
N. Karvali
Nestos
Angitis
Iliokomi
Vrothalassa
Paleokomi
1956
Or. Pangeon
Eleftheroupoli
Piges
Keramoti
N. Iraklitsa
Kolpos Kavalas
Thasopoula
Amfipoli
Amfipolis
Galipsos
Domatia
Marmara
Folia
Akr. Pahis
Liménas/ Thássos
Skala Rahoniou
Akrogiali
Kariani
Loutra Eleftheron
Potamia
Skala Sotiros
Kolpos Orfanou
Maries
1205
Thassos
Moní Archángelou
Skala Marion
Akr. Kefalas
Potos
Aliki
Akr.
Olmbiada
Stagirá
Akr. Elefthera
Kolpos Ierissou
Akr.Arapis
Ierissos
Pirgadikia
Amouliani
Ouranoúpoli
M. Vatopediou
M. Pandokratoros
Karies
ÁTHOS
Kolpos Agiou Orous
Agh. Nikolaos
M. Ag. Pandeleimonos
M. Xiropotamou
Dafni
M. Karakalou
Diaporos
M. Simonos Petras
Athos
2033
M. Megistis Lavras
M. Agh. Dionisiou
Akr. Akrathos
Sithonia
817
Sarti
Acr. Pines
Carras
SITHONIA
Skala Sikias
Kalamitsi
Toróni
Akr. Drepano
Akr. Paliouri
N
0
25 km
Psathoura
Gioura
Kira Panagia
Piperi
Sporades
Alonissos
Peristera
TSCHECHIEN
POLEN
UKRAINE
SLOWAKEI
ÖSTER-REICH
UNGARN
MOLDAWIEN
SLOWENIEN
KROATIEN
RUMÄNIEN
SERBIEN
BOSNIEN-HERZEG.
BULGARIEN
MONTENEGRO
KOSOVO
NORD-MAZED.
ALBANIEN
ITALIEN
TÜRKEI
GRIECHEN-LAND
MALTA
Mittelmeer

CHALKIDIKÍ
THÁSSOS

DER AUTOR

Klaus Bötig bereist Griechenland jährlich vier bis sechs Monate lang in jeder Jahreszeit, kennt alle Inseln und alle Festlandsregionen. Der Bremer Reisejournalist hat mittlerweile über hundert Bücher geschrieben, die meisten davon über Griechenland, viele weitere über Zypern und Malta. Er schreibt regelmäßig für die in Athen erscheinende, deutschsprachige Griechenland Zeitung und das im gleichen Athener Verlag erscheinende Griechenland Journal. Im Laufe der Jahrzehnte lieferte er Griechenland-Reportagen für Zeitschriften wie Merian, ADAC-Reisemagazin, Geo Saison, Globo, Stern und für die Bordzeitschriften verschiedener Airlines.

www.vistapoint.de

Top 10 & Willkommen

Chronik

Stadttouren Thessaloníki mit Detailkarte

Vista Points – Sehenswertes

Reiseregionen, Orte und Sehenswürdigkeiten

Service von A bis Z

Extras – Zusatzinformationen

Zeichenerklärung

10 **Top 10**
Das müssen Sie gesehen haben, siehe vorderer innerer Umschlag und hintere Umschlagklappe.

Vista Point
Reiseregionen, Orte und Sehenswürdigkeiten

Symbole
Verwendete Symbole siehe hintere innere Umschlagklappe.

Kartensymbol: Verweist auf das entsprechende Planquadrat der ausfaltbaren Karte bzw. der Detailpläne im Buch.

Willkommen auf Chalkidikí und Thássos

Die dreifingrige Halbinsel Chalkidikí ist die beliebteste Urlaubsregion auf dem griechischen Festland, die Insel Thássos kann geradezu noch als Geheimtipp unter den fast 100 bewohnten Inseln der Ägäis bezeichnet werden. Beide sind außergewöhnlich grün, ihre Küsten säumen lange Sandstrände und verschwiegene kleine Buchten. Beide prägt das stete Wechselspiel zwischen Meer und Land. Thássos wird vom 1127 Meter hohen Gipfel des Ypsário überragt, auf der Chalkidikí steigt der sogar 2033 Meter hohe Berg Áthos fast unmittelbar aus den Fluten auf. Wo man auch steht, sind Küsten in Sicht und die Ägäis ist nie weit entfernt. Ein Großteil der Hotellerie hat sich an den Küsten angesiedelt. Strände gibt es für jeden Geschmack. Oft reicht das Grün von Ölbäumen und Pinien unmittelbar ans Ufer heran. Vor niedrigen, rötlich schimmernden Steilküsten dehnen sich lange Sandbänder aus, dann wieder umschließen bizarre Felsformationen kleine Buchten.

Besucher können die unzähligen Wassersportmöglichkeiten nutzen, die Unterwasserwelt tauchend und schnorchelnd erkunden. Viele Wanderwege auf der Chalkidikí sind gut markiert,

hier und auf Thássos kann man die Landschaft naturnah auf Mountainbike-Touren erleben.

Bootsausflüge führen an den Küsten der berühmten Mönchsrepublik Áthos entlang. Mit Mietwagen, Linien- oder Ausflugsbus lassen sich die vielen Sehenswürdigkeiten der geschichtsträchtigen Region erkunden. Bei den Ausgrabungen von Stagirá auf der Chalkidikí steht man im Geburtsort des berühmten Philosophen Aristoteles, in der Inselhauptstadt von Thássos sind Baudenkmäler aus der Antike und moderne Gebäude innig ineinander verwoben. Im antiken Theater von Thássos werden im Sommer immer noch Konzerte und Theateraufführungen veranstaltet, auf der Chalkidikí finden internationale Kulturfestivals unterm Sternenhimmel statt.

Und dann ist da noch Thessaloníki, Metropole des Nordens und zweitgrößte Stadt des Landes. Bunte Märkte, Museen aller Art, mittelalterliche Stadtmauern und byzantinische Kirchen mit prächtigen Mosaiken und Wandmalereien laden ebenso zum längeren Verweilen ein wie eine bunte, moderne Kultur- und Restaurantszene. Auch dort weiß man zu schätzen, was zu einem Urlaub in Griechenland dazugehört: in den Tag hinein leben, Sonnenschein und blauen Himmel entspannt genießen, das Meer und die Berge ganz in seiner Nähe fühlen.

Der Phosphorios-Turm, das Wahrzeichen des Dorfes Ouranoúpoli auf der Áthos-Halbinsel

Daten zur Geschichte

Alexander der Große auf einem Mosaik aus Pompeji

700 000 v. Chr. Feuerplätze und Steinwerkzeuge sind erste Spuren menschlicher Besiedlung.

250 000 v. Chr. Ältester Fund eines menschlichen Schädels in Griechenland aus der Höhle von Petralóna auf der Chalkidikí.

5000–2500 v. Chr. Jungsteinzeit (Neolithikum). Die Menschen werden sesshaft, betreiben Ackerbau und Viehzucht.

2500–1200 v. Chr. Bronzezeit (Chalkolithikum). Waffen, Gebrauchs- und Kultgegenstände werden erstmals aus Metall gefertigt. Der griechische Stamm der Achäer wandert nach Nordgriechenland ein.

1200–900 v. Chr. Dunkle Jahrhunderte (Dark Ages). In Griechenland wandern neue griechische Stämme ein: Dorer, Jonier und Äolier.

900–700 v. Chr. Geometrische Zeit. Wirtschaftlicher Aufschwung, Griechen aus Südgriechenland gründen auf der Chalkidikí und an der nordgriechischen Ägäisküste erste Kolonien.

700–490 v. Chr. Archaische Zeit. Überall in Griechenland bilden sich voneinander unabhängige Stadt- und Inselstaaten heraus, allein über 40 davon auf Thássos und der Chalkidikí.

479–338 v. Chr. Klassische Zeit. Nach dem elfjährigen, erfolgreichen Kampf gegen die Perser steht die griechische Kultur in ihrem Zenith. Politisch aber zermürbt man sich im 27 Jahre dauernden Peloponnesischen Krieg. Als Schutz vor dem übermächtigen Athen schließen sich die meisten Städte

Antike Ausgrabungen in Alikí an der Südostküste von Thássos

der Chalkidikí zum »Chalkidischen Bund« zusammen und gründen Ólinthos als neue Hauptstadt.

323–168 v. Chr. Hellenistische Zeit. Nach der Einigung ganz Griechenlands unter Führung des makedonischen Königs Philipp II. und der Welteroberung durch seinen Sohn Alexander den Großen zerbricht das Alexandrinische Weltreich in mehrere Teile, die von Generälen Alexanders regiert werden. Makedonien wird ein eigener Staat, 315 v. Chr. gründet Makedonenkönig Kassándros die Stadt Thessaloníki.

168 v. Chr.– 395 n. Chr. Römische Zeit. Die Römer erobern Nordgriechenland und machen Thessaloníki 146 v. Chr. zur Hauptstadt ihrer Provinz Makedonia. In den Jahren 49/50 und 59 n. Chr. besucht der Apostel Paulus die Stadt und gründet die Gemeinde, der er später auch den ins Neue Testament aufgenommenen Brief schreibt. 305 erhebt Kaiser Galerius Thessaloníki zur Hauptstadt des gesamten Römischen Reichs. Sein Nachfolger Konstantin verlegt sie ins neu gegründete Konstantinopel. 395 wird das Römische Reich geteilt, ganz Griechenland fällt an das inzwischen christliche Ostrom.

395–904 Thessaloníki ist die zweitgrößte Stadt im Oströmisch-Byzantinischen Reich, bis es 904 von muslimischen Sarazenen erobert und geplündert wird. 22 000 Stadtbewohner werden in die Sklaverei verschleppt.

963 Auf der chalkidikischen Halbinsel Áthos gründen Mönche ein erstes Klosters, dem binnen eines Jahrhunderts etwa 20 weitere folgen. So entsteht die bis heute autonome Mönchsrepublik Áthos.

1204–61 Nach der Eroberung Konstantinopels durch Venedig und die Teilnehmer des 4. Kreuzzugs werden Thessaloníki und die schwer zugängliche Chalkidikí von einem französischen Kreuzrittergeschlecht regiert.

Christus-Ikone aus dem Stavronikíta-Kloster auf dem Áthos

1261–1430 Thessaloníki erlebt als byzantinische Großstadt wieder einen großen wirtschaftlichen und kulturellen Aufschwung.

1430 Die Osmanen erobern Thessaloníki und die Chalkidikí.

1453 Die Osmanen erobern die byzantinische Reichshauptstadt Konstantinopel, fast ganz Griechenland wird in den folgenden Jahren Teil des von Istanbul aus regierten Osmanischen Reichs.

1470–1500 Nach grausamen Judenverfolgungen im ganzen katholischen Europa und insbesondere in Spanien siedelt der Sultan viele Juden in Thessaloníki an. Die Stadt avanciert zu einer der prächtigsten am Mittelmeer.

1821–30 Zahlreiche Griechen erheben sich gegen die Osmanische Fremdherrschaft und erkämpfen die Gründung eines neugriechischen Staats, zu dem Nordgriechenland und Thássos aber noch nicht gehören.

1912–13 Anfang 1912 wird die Chalkidikí von der osmanischen Herrschaft befreit, am 26. Oktober 1912 übergeben die Osmanen Thessaloníki an Griechenland. Zu dieser Zeit leben in der Stadt etwa 80 000 Juden, 35 000 Moslems, 30 000 Griechen und 15 000 andere Ausländer.

1916 Griechenland tritt an der Seite der Alliierten in den Ersten Weltkrieg ein, in dem die Türkei zu Deutschland und Österreich steht.

1919–20 Das Abkommen von Neuilly spricht Griechenland den Westen des bis dahin türkisch verwalteten Thrakiens zu, ein weiterer Vertrag erteilt den Griechen die Souveränitätsrechte auch über Ost-Thrakien und Teile der türkischen Mittelmeerküste, falls deren Bewohner das nach fünf Jahren in einer Volksabstimmung beschließen.

1920–23 Griechenland besetzt Ost-Thrakien und stößt mit seinen Truppen von der Ägäisküste in Richtung Ankara vor. Nach dem Erstarken der kommunistischen Sowjetunion haben die Westmächte kein Interesse mehr an einer Schwächung der Türkei und sehen zu, wie Griechenlands Feldzüge in der »Kleinasiatischen Katastrophe« enden. Über zwei Millionen Griechen werden aus der Türkei vertrieben oder umgesiedelt. Mehrere Hunderttausend von ihnen lassen sich in Nordgriechenland und insbesondere auch auf der Chalkidikí nieder.

1940 Italien greift Griechenland an, das nach anfänglichen Erfolgen gegen Mussolinis Truppen von deutschen und im Nordosten auch durch bulgarische Truppen besetzt wird.

1941–49 Die deutschen und österreichischen Truppen ermorden als Vergeltung für Partisanenüberfälle zahlreiche griechische Zivilisten und brennen ganze Dörfer nieder. Die jüdische Bevölkerung Thessaloníkis wird in die Vernichtungslager von Auschwitz deportiert, über 35 000 werden dort ermordet. Nach der Befreiung von den deutsch-österreichischen Besetzern bricht ein Bürgerkrieg zwischen bürgerlichen und kommunistischen Partisanenverbänden aus, der in Griechenland mehr Opfer fordert als der Zweite Weltkrieg. Dank kräftiger Unterstützung durch Großbritannien und die USA siegen die Bürgerlichen, alle Kommunisten müssen das Land verlassen und dürfen erst nach 1974 in ihre Heimat zurückkehren.

1949–67 Durch Aufnahme in die NATO (1953) und Assoziierungsvertrag mit der EWG (1962) wird das innenpolitisch zerrüttete und wirtschaftlich schwache Griechenland in das westliche Wirtschafts- und Verteidigungssystem eingebunden.

1967–74 Am 21. April 1967 übernehmen Obristen mit Billigung der USA die Macht. Politisch Andersdenkende werden verfolgt, kapitalkräftige Förderer der Junta wirtschaftlich unterstützt. So kommt es auch zur touristischen und verkehrsmäßigen Erschließung der Chalkidikí.

1974 Nach einem missglückten, von der griechischen Junta initiierten Putsch auf Zypern bricht die Militärherrschaft zusammen. Die Demokratie wird wieder hergestellt, die Monarchie abgeschafft. Binnen kurzer Zeit entwickelt sich ein demokratisches System westlicher Prägung, das von zwei

Parteien dominiert wird: der sozialdemokratischen PASOK und der konservativen Néa Dimokratía.

2002 ersetzte der Euro die Drachme als Währung

1981 Griechenland wird Vollmitglied in der EU.

1997 Thessaloníki ist Kulturhauptstadt Europas.

1999 Griechenland stimmt auf einem EU-Gipfel in Helsinki zu, der Türkei den offiziellen Status eines EU-Beitrittskandidaten zu gewähren. Seitdem verbessern sich die Beziehungen zum Nachbarland ständig, getrübt nur durch die Anwesenheit türkischer Truppen auf Zypern.

2002 Der Euro ersetzt die Drachme als Landeswährung.

2004 Olympische Sommerspiele in Athen; einige Spiele des Fußballturniers werden in Thessaloníki ausgetragen.

2006 Beginn der Bauarbeiten an der Metro in Thessaloníki.

2010–18 Griechenland kann nur durch Finanzhilfen und Kreditbürgschaften der EU und des IWF vor dem Staatsbankrott bewahrt werden. Bedingung dafür sind strikte Sparmaßnahmen.

2015/16 Rasant steigende Flüchtlingszahlen bereiten Griechenland weitere Probleme.

2019–24 Kaum ist Griechenland an die internationalen Finanzmärkte zurückgekehrt und beginnt sich wirtschaftlich zu erholen, schlägt Corona zu und bringt dem Land wegen der ausbleibenden Touristen große finanzielle Einbußen. 2023 sieht dann aber die meisten Urlauberankünfte aller Zeiten. Für 2024 wird mit einer erneuten Steigerung der Besucherzahlen gerechnet. ■

Blick auf das Kloster Dochiaríou in der autonomen Mönchsrepublik Áthos

Von der Platía Aristotélous ins Hafenviertel

Platía Aristotélous – Modianó-Markthalle – Vláli-Markt – Vatikióti-Markt – Bey Hamam – Panagía Chalkéon – Römisches Forum – Ágios Dimítrios – Rotónda – Galerius-Bogen – Galerius-Palast – Archäologisches Museum – Museum der Byzantinischen Kultur – Weißer Turm – Agía Sofía – Museum des Jüdischen Lebens – Museum für Fotografie – Filmmuseum.

Die folgende Stadttour ist auf dem Stadtplan rot eingezeichnet.

1 **Thessaloníki**, Griechenlands zweitgrößte Stadt (319 000 Einwohner), liegt direkt an der Ägäis und eröffnet Aussichten auf den fast 3000 Meter hoch aufragenden Olymp auf der anderen Seite des Thermäischen Golfs. Hinter dem Stadtzentrum klettern die Häuser einen Hügel bis zum von mittelalterlichen Mauern umgebenen Kástra-Viertel hinauf.

Zwischen dem markanten Wahrzeichen der Metropole, dem Weißen Turm, und dem Hafen verläuft die Uferstraße Odós Níkis. In ihrer Mitte bildet die **Platía Aristotélous** ➜ aE4 mit vielen schicken Cafés und Lounges das gesellschaftliche Zentrum der Stadt. Eine Bronzeskulptur stellt den namengebenden Philosophen Aristoteles dar. Der Platz eignet sich auch gut als Ausgangspunkt für einen Stadtrundgang, den man am besten am Vormittag spätestens um 8.30 Uhr beginnt. Dann herrscht auch auf den Märkten Hochbetrieb. Eine Gelegenheit zum Mittagessen bietet sich unterwegs überall.

Als breite Fußgängerzone führt die Odós Aristotélous von dem gleichnamigen Platz 300 Meter weit hügelan, flankiert von bunten Märkten. Zur Linken werden in der zum Food Bazar umgestalteten **Modianó-Markthalle** und auf dem benachbarten **Vláli-Markt** ➜ aD4 Obst und Gemüse, Fleisch und Fisch feilgeboten. Nur ein paar Schritte

Eine der ältesten Kirchen Thessaloníkis: Ágios Dimítrios

Zur »Blauen Stunde« am Triumphbogen des Kaisers Galerius in Thessaloníki

entfernt verkaufen Händler vor dem ehemaligen türkischen Bad Yachoúdi Hamam Blumen. Zur Rechten der Aristotélous-Straße erstreckt sich der **Vatikióti-Markt** ➡ aD4, auf dem sich stimmungsvolle Tavernen und Ouzerien zwischen Kräuterhändlern und Möbeltischlern befinden.

Die Odós Aristotélous mündet in eine weitläufige Grünanlage. Rechts lädt das 1444 erbaute größte osmanische Bad Thessaloníkis, der **Bey Hamam** ➡ aD4/5, zur Besichtigung ein, links die unter dem heutigen Platzniveau gelegene Kirche **Panagía Chalkéon** ➡ aC/aD4 aus dem frühen 11. Jahrhundert mit Wandmalereien aus der Erbauungszeit. Das Gotteshaus wurde von Kupferschmieden gestiftet, die früher vor der Kirche in großer Zahl ihre Werkstätten hatten. Gegenüber der Kirche sind auch heute noch einige Kupfer- und Messinghändler zu finden.

Die Grünanlage geht an ihrem oberen Rand in das **Römische Forum** ➡ aC4/5 über, von dem ein kleines Theater und eine ehemals unterirdische Einkaufsarkade bestens erhalten sind. Das Theater wird heute wieder gelegentlich für Konzerte und Theateraufführungen genutzt.

Das bedeutendste Gotteshaus in Thessaloníki ist die **Basilika des Ágios Dimítrios** ➡ aC5, des Schutzpatrons der Stadt, mit fünf Mosaiken aus dem 7. und 9. Jahrhundert. Die Reliquie des Heiligen ruht unter einem prächtigen Baldachin im linken Seitenschiff. Schauplatz der Ermordung des Märtyrers war der Überlieferung nach die Krypta, die in römische Thermen hineingebaut wurde. Da der Heilige auch in der russisch-orthodoxen Kirche sehr verehrt wird, kommen oft Pilger aus der ehemaligen Sowjetunion zu Besuch und lassen gregorianische Gesänge erklingen. Während in der griechisch-orthodoxen Kirche Kirchenmusik verpönt ist, wird sie von russisch-orthodoxen Gläubigen geschätzt.

Auf der verkehrsreichen Straße Agíou Dimitríou kann man nun in südlicher Richtung weitergehen zur **Rotónda** ➡ aD6. Der kreisrunde, fast fensterlose Bau stammt aus dem frühen 4. Jahrhundert v. Chr., als Thessaloníki kurzfristig die Hauptstadt des gesamten Römischen Reiches war. Erst diente er als Mausoleum für den römischen Kaiser Galerius, dann als Kirche, Moschee, wieder als Kirche und nun als Museum. Die prächtigen Mosaiken in der 25 Meter überspannenden Kuppel sind 1600 Jahre alt und wurden restauriert. Sie zeigen betende christliche

Märtyrer in festlichen Gewändern vor einer fantastisch anmutenden Architekturkulisse.

Nur wenige Schritte weiter erzählen Reliefs am **Galerius-Bogen** ➡ aD/aE6 von den kriegerischen Heldentaten des römischen Kaisers Galerius, der von 305 bis 311 in Thessaloníki residierte. Der erhaltene Bogen ist der Rest von einer Art Torgebäude, das die antike Handelsstraße Via Egnatia überspannte. Wer die Überreste des kaiserlichen Palastes sehen will, überquert am Galerius-Bogen die heutige Odós Egnatía und geht etwa 150 Meter weit die Fußgängern vorbehaltene

Odós Gounári hinunter. Dort stehen an einer platzartigen Erweiterung rechter Hand noch einige hohe Mauern des **Galerius-Palastes** ➡ aE5/6.

Von Bogen und Palast aus sind es nur fünf Minuten Gehzeit bis zu den beiden bedeutendsten Museen der Stadt: zum Archäologischen Museum und zum sich daran anschließenden Museum für Byzantinische Kultur.

Goldene Totenmaske im Archäologischen Museum in Thessaloníki

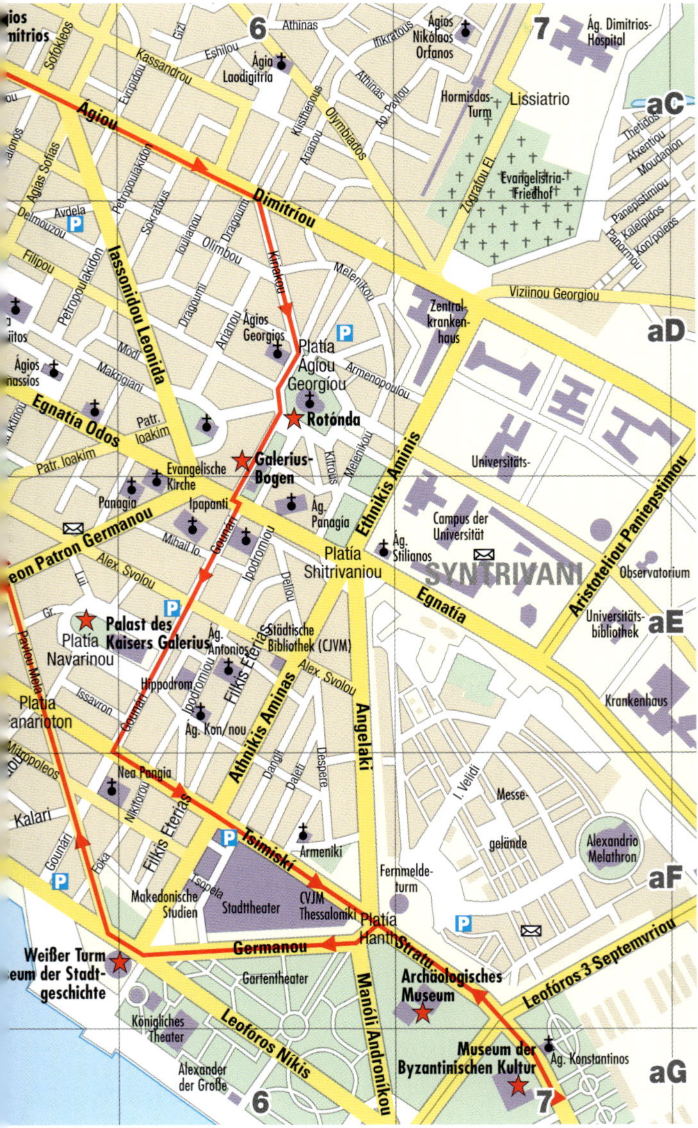

Im **Archäologischen Museum** ➡ aF7 gegenüber dem Messegelände von Thessaloníki mit seinem markanten Messeturm sind archäologische Funde aus ganz Nordgriechenland zu sehen. Ausführliche englischsprachige Erklärungstafeln, Rekonstruktionszeichnungen und Filmvorführungen erleichtern es den Besuchern, die Exponate zu verstehen.

Im Untergeschoss begegnet man dem prähistorischen Makedonien, im Erdgeschoss geht es um Makedoniens Kunst und Geschichte zwischen etwa 700 v. Chr. und 500 n. Chr. Antike Kriegs- und Transporttechnik veranschaulicht ein Modell, das den Transport eines Belagerungsturms durch zwei miteinander verbundene Schiffe darstellt.

Man sieht, dass in der Antike mit Wein oder Öl gefüllte Amphoren mit Naturschwämmen verschlossen wurden, und kann sich dank mehrerer Hausmodelle und farbiger Zeichnungen vorstellen, wie man in einer antiken Stadt lebte. Von der großen Handwerkskunst der Schmiede und Steinmetze zeugt die 2,48 Meter hohe Marmortür mit Bronzenägeln und -beschlägen, die Ende des 4. Jahrhunderts v. Chr. die Tür eines makedonischen Adelsgrabes verschloss. Den Goldreichtum Makedoniens belegen die vielen zarten Kränze mit hauchfeinen goldenen Blättern.

Kostbarstes Einzelstück ist in einem der letzten Räume der »Prunkkrater von Dervéni« aus dem 4. Jahrhundert v. Chr. Er wurde von den Archäologen 1962 aus einem antiken Gräberfeld geborgen. Der 91 Zentimeter hohe Krug aus Bronze ist mit Reliefs – darunter dem zweier Liebespaare – und vollplastischen Figuren verziert.

Das **Museum der Byzantinischen Kultur** ➡ aG7, das 2005 den Museumspreis des Europarats erhielt, beleuchtet mit zahlreichen Originalobjekten und guten englischsprachigen Erklärungstafeln viele Aspekte der Kunst, aber auch des Alltagslebens in byzantinischer Zeit, also zwischen etwa 500 und 1500 n. Chr. Ein Saal ist den verschiedenen Begräbnisbräuchen und Grabtypen vorbehalten, ein anderer den Architekturelementen frühchristlicher Basiliken. Man erfährt viel über byzantinische Bautechniken und Handwerkskünste, über die Kosmetika der Frauen, über die Kleidung der Menschen und ihren Wohnkomfort. Wandmalereien und Bodenmosaike aus einem Privathaus sind zu sehen, auch Verwaltung und Militärorganisation im Byzantinischen Reich sind Thema. Eine Reihe schöner Ikonen rundet die Ausstellung ab.

Zeugnis byzantinischer Kultur: die Agía Sofía von Thessaloníki

In einem stilvollen kleinen Museumscafé kann man nach der Besichtigung entspannen; sowohl im Archäologischen Museum als auch im Museum der Byzantinischen Kultur bieten die Museumsshops nicht nur Karten, Poster und Bücher, sondern auch lizenzierte Repliken alter Kunst und moderne Adaptionen zum Beispiel auf Seidentüchern, Krawatten oder Kissenbezügen.

Ausstellung im Museum des Jüdischen Lebens in Thessaloníki

Direkt am Meer steht nahe den Museen auf der anderen Seite einer kleinen Grünanlage der in Wahrheit graue **Weiße Turm** ➡ aF5/6, von venezianischen Architekten 1430 als Eckbefestigung der Seemauer erbaut. Nach umfangreichen Stabilisierungsmaßnahmen ist der Turm wieder zugänglich und präsentiert mit Hilfe moderner Medien Aspekte der Stadtgeschichte. Es dürfen jeweils nur 70 Besucher gleichzeitig den Turm betreten.

Auf dem Weg zurück zur Platía Aristotélous und weiter ins Ladadiká-Viertel und zum Hafen lohnt ein Abstecher zur Kirche **Agía Sofía** ➡ aD/aE5 aus dem 8. Jahrhundert. Ihre Kuppel ziert ein vollständig erhaltenes Mosaik aus dem 9. Jahrhundert. Vor einem leuchtenden Goldhintergrund ist die Himmelfahrt Christi dargestellt. Vier Engel tragen den in einer Gloriole auf einem Regenbogen thronenden Gottessohn davon, auf der Erde bleiben die zwölf Apostel und die von zwei Engeln flankierte Jungfrau Maria zurück. Sie sind durch stilisierte Ölbäume voneinander getrennt.

Nach diesem Kunstgenuss kann man im restaurierten Hafenviertel Ladádika mit seinen vielen Lokalen entspannen. Das völlig verkommene alte Gewerbeviertel wurde in den 1990er Jahren fast vollständig saniert und ist heute ein Zentrum des Nachtlebens der Stadt. Am Rand des Viertels belegt das **Museum des Jüdischen Lebens in Thessaloníki** ➡ aD3 eindrucksvoll, welche wichtige Rolle die jüdischen Bewohner für die Stadt zwischen 1492 und 1941 spielten.

Nach der Eroberung Thessaloníkis durch die Osmanen 1430 waren viele der überlebenden Griechen geflohen. Um Thessaloníki wieder Leben einzuhauchen, erlaubte der Sultan in Istanbul über 20 000 aus Spanien vertriebenen sephardischen Juden die Ansiedlung in der Stadt. Sie prägten das Wirtschafts- und Kulturleben in der Folgezeit so stark, dass Thessaloníki fortan sogar gern als »Mutter Israels« bezeichnet wurde.

Als deutsche Truppen am 9. April 1941 in Thessaloníki einmarschierten, lebten hier noch 50 000 Juden. 1943 wurden sie ins Vernichtungslager Auschwitz deportiert, nur 10 000 von ihnen überlebten. Heute zählt die Stadt wieder eine etwa 1000-köpfige jüdische Gemeinde.

Von der Oberstadt Thessaloníkis (Áno Póli) aus genießt man einen Blick über die gesamte Stadt

Überquert man am Südrand des Ladadiká-Viertels die breite Uferstraße, kommt man ins **Hafengebiet**. Neben dem lang gestreckten Passagierterminal wurden hier auf dem zum Stadtzentrum hin ausgerichteten Kai zwei historische Lagerhallen restauriert. In Lagerhalle A' sind heute ein **Museum für Fotografie** und ein **Filmmuseum** ➡ aE3 untergebracht, in der gegenüberliegenden **Lagerhalle B'** veranstaltet das Staatsmuseum für Zeitgenössische Kunst Sonderausstellungen. Direkt nebenan befindet sich in einer weiteren Lagerhalle die **Kitchen Bar**, Bar und Restaurant zugleich, und verbreitet mit ihren vielen Tischen am Wasser ein wenig Inselflair in der Großstadt.

Thessaloníki von oben und vom Wasser aus

Platía Anárgyron – Trigónios-Turm – Eptapyrgío – Platía Eleftherías – Weißer Turm

Die folgende Stadttour ist auf der Faltkarte blau eingezeichnet.

Das **Kástra-Viertel** ➡ aA/aB6–8 von Thessaloníki, auch Zitadelle oder Akrópolis genannt, ist eine Welt für sich. Es wird noch ganz von seinen mittelalterlichen, zinnenbekrönten Stadtmauern umschlossen, wirkt ländlich und fast weltabgeschieden. An mehreren Stellen direkt vor den Mauern und ihren Türmen genießt man einen prächtigen Blick über die ganze Stadt und an der Küste entlang, bei klarem Wetter sogar bis hinüber zum antiken Götterberg Olymp. Cafés laden zum Sundowner, kleine Tavernen zum Abendessen, beim Anblick der abends beidseitig angestrahlten Stadtmauern fühlt man sich in vergangene Jahrhunderte versetzt.

Zum Kástra-Viertel fährt die Buslinie 23 von der Platía Eleftherías aus (zwischen Platía Aristotélous und Ladadiká-Viertel). Kurvenreich geht die Fahrt hangaufwärts durch die Oberstadt Áno Póli bis zur Stadtmauer ums Kástra-Viertel. An der Stelle, wo der Bus in einem der Stadttore wendet, steigt man aus und geht ins mauerumgürtete Viertel hinein. Gleich links liegt die besonders ursprünglich gebliebene, sehr einfache Taverne »Makedonikó« mit viel einheimischem Stammpublikum.

Hier wendet man sich nach rechts und geht immer so dicht wie möglich an der Innenseite der Stadtmauer entlang, passiert die sehr gute Taverne »To Kástro tis Kyrás« und erreicht die **Platía Anárgyron** ➡ aB7, einen kleinen Platz mit der den Arztheiligen Kosmás und Damianós geweihten Hauptkirche dieses Stadtteils. Hier lohnt es sich kurz durch das Stadttor hinauszugehen, sich nach links zu wenden und die Aussicht von der nur 30 Meter entfernten Terrasse vor dem mächtigen, im 15. Jahrhundert erbauten **Trigónios-Turm** ➡ aB7 zu genießen.

Die Festung Eptapyrgío

Danach geht es zurück zur Kirche, vor der man sich nach rechts wendet und nach etwa fünf Minuten zum höchsten Punkt des Kástra-Viertels gelangt, dem **Eptapyrgío** ➡ aA8, einer Festung innerhalb der Zitadelle. Jahrhundertelang war es Sitz der Militärkommandatur der Stadt, vom Ende des 19. Jahrhunderts bis 1989 wurde die Festung als Gefängnis genutzt. Am Vorplatz gibt es eine schöne Café-Bar und eine kleine Taverne.

Von der Platía Anárgyron aus kann man später mit dem Bus Nummer 3 (Haltestelle auf der Kirchenseite der Straße) wieder in die Unterstadt zurückfahren.

Von der **Platía Eleftherías** ➡ aD3–aF5 nahe dem Hafen, der Endstation der Linie 23, bis zum **Weißen Turm** reihen sich an der Uferstraße landseitig Cafés und Bars fast nahtlos aneinander. Vor allem abends sind sie immer gut – überwiegend mit jüngeren Thessalonikern – gefüllt. Beim Weißen Turm starten vom frühen Vormittag bis weit in die Nacht hinein etwa halbstündlich kleine Party-Dampfer zu relaxten Kreuzfahrten vor der Küste der Metropole. Die 30- bis 40-minütige Fahrt ist kostenlos, Getränkekauf an Bord wird erwartet.

Der Hafen von Thessaloníki mit der »Umbrella«-Installation des Künstlers George Zongolopoulos

Service-Informationen Thessaloníki

Thessaloníki Tourist Information Center ➡ aE4
Odós Aristotélous 10
54623 Thessaloníki
✆ 23 10 22 90 70
www.thessaloniki.gr
Im Sommer unterhält die Stadtverwaltung zudem einen Informations-Kiosk nahe dem Weißen Turm.

Makedonía Airport ➡ E5
14 km südlich vom Stadtzentrum Kalamariá
✆ 23 10 98 50 00
www.skg-airport.gr
Gepäckaufbewahrung außerhalb der Ankunftshalle. Rund um die Uhr fährt die Buslinie X1 in die Innenstadt, zum Haupt- und zum Fernbusbahnhof. Linie 79A fährt stündlich vom Flughafen zum Busbahnhof der Chalkidikí.

Busbahnhof – Verbindung mit der Chalkidikí ➡ südl. aH8
Nahe Autobahnausfahrt »Praktiker«, neben dem Möbelhaus Marmarídi, Thessaloníki
✆ 23 10 31 65 55
www.ktel-chalkidikis.gr

Thessaloníki ist von allen Orten der Chalkidikí aus per Linienbus zu erreichen. Vom Busbahnhof Chalkidikí fährt die Stadtbuslinie 45 durch die Innenstadt (am besten an der Platía Aristotélous aussteigen) zum Bahnhof und zum Fernbusbahnhof.

Fernbusbahnhof – Verbindung mit Thássos und dem übrigen Griechenland ➡ westl. aB1
Odós Giannitsón 194
Thessaloníki
✆ 23 10 59 54 00
www.ktelmacedonia.gr
Linienbusse in alle griechischen Städte und auf festlandsnahe Inseln, auch nach Thássos. Zu erreichen mit Stadtbuslinie 78 ab Flughafen, Innenstadt und Hauptbahnhof.

Innerstädtische Busse
✆ 185
www.oasth.gr
Gutes Liniennetz, sehr günstige Preise. Die Ticketpreise sind je nach Gültigkeitsdauer und Zahl der Umstiege geringfügig gestaffelt.

Ehemalige Kirche der Kupferschmiede aus dem 11. Jahrhundert: Panagía Chalkéon

Boote zum Strand ➡ aF5/6
Ab Weißem Turm, Thessaloníki
✆ 69 73 77 77 27
www.karavakia.gr
Badeboote fahren im Sommerhalbjahr mindestens stündlich in etwa 50 Minuten zu den guten Stränden von Néa Epivátes und Peréa.

Archäologisches Museum ➡ aF7
Odós Manóli Andronikou 6
Thessaloníki
✆ 23 10 83 05 38
www.amth.gr
Archäologische Funde aus Nordgriechenland, große Sammlung von Sarkophagen im Außenbereich, Cafeteria.

Museum der Byzantinischen Kultur ➡ aG7
Leofóros Stratoú 2, Thessaloníki
✆ 23 13 30 64 00
www.mbp.gr
Kunst, Architektur, Begräbnisriten, Festungsbauten und Alltagskultur von der frühchristlichen Zeit bis in die frühe Neuzeit. Gutes Restaurant mit schöner Terrasse, sehr guter Museumsshop.

Museum des Jüdischen Lebens in Thessaloníki ➡ aD3
Odós Agíou Miná 13
Thessaloníki
✆ 23 10 25 04 06
www.jmth.gr
Eintritt frei
Jüdisches Leben in Thessaloníki von 1492 bis 1941.

Museum für Fotografie und Filmmuseum ➡ aE3
Lagerhalle A', Thessaloníki
✆ 23 10 50 83 98
www.cinemuseum.gr
Wechselnde Fotoausstellungen, frühe Filmtechnik, schönes Café.

Weißer Turm ➡ aF5/6
Leofóros Níkis, Thessaloníki
✆ 23 13 30 64 00

Das Wahrzeichen Thessaloníkis: der Weiße Turm

Multimediale Ausstellung zur Stadtgeschichte in historischen Gemäuern, guter Rundblick vom Dach.

Agía Sofía ➡ aD/aE5
Platía Agías Sofías, Thessaloníki
✆ 23 10 27 02 53
Eintritt frei
Byzantinisches Gotteshaus aus dem 8. Jh. mit prächtigem Kuppelmosaik.

Ágios Dimítrios ➡ aC5
Odós Agíou Dimitríou 94
Thessaloníki
✆ 23 10 27 05 91
Eintritt frei
Fünfschiffige Basilika aus dem 5. Jh. mit schönen Mosaiken und eindrucksvoller Krypta.

Bey Hamam ➡ aD4/5
Via Egnatía, Thessaloníki
Eintritt frei
Größtes osmanisches Bad in Griechenland.

Panagía Chalkéon ➡ aC/aD4
Odós Aristotélous/Odós Egnatía
Thessaloníki
✆ 23 10 27 29 10
Eintritt frei
Kreuzkuppelbau aus dem 11. Jh.

Rotónda ➡ aD6
Platía Agíou Georgíou
Thessaloníki
✆ 23 10 96 88 60
Als Mausoleum errichtet ist die frühere Kirche und Moschee heute nur noch Museum.

Moúrga ➡ aD5
Odós Christopoúlo 12
Thessaloníki
✆ 23 10 26 88 26
Kleines, äußerst kreatives und modern gestyltes Restaurant für Fisch und Meeresfrüchte. Reservierung empfehlenswert! €€€

Paláti ➡ aD3
Ladádika 3/Pl. Morichóvou
Thessaloníki
✆ 23 10 55 08 88
www.palati.gr
Vielfältige griechische Spezialitäten in und vor einem historischen Stadthaus, sehr gutes Preis-Leistungs-Verhältnis, abends täglich griechische Livemusik. €€

Tiganiés & Skáros ➡ aD3
Odós Katoúni 3
Thessaloníki
✆ 23 10 51 02 84
Großes Grillrestaurant auf dem kleinen Hauptplatz des schönen Stadtviertels Ladádika. Hier sitzt man mitten im Freizeitleben. €€

Bakaliárika sto Limáni ➡ aD3
Odós Fasianoú 1–2
Thessaloníki
✆ 23 10 51 26 00
Für die Stadt typisches Stockfisch-Restaurant im Ladádika-Viertel. Der Fisch wird hier mit Kartoffeln und einem Kartoffel-Knoblauch-Püree serviert und überwiegend mittags gegessen. Traditionelles griechisches Essen. €

Konzerthaus Mégaro Moussikís ➡ südl.aH6
Odós 25is Martíou
Thessaloníki
✆ 23 10 89 59 38
www.tch.gr
In der modernen Konzerthalle am Meer, am südlichen Ende der neuen Uferpromenade, findet fast jeden Abend ein klassisches Konzert, eine Ballett- oder Opernaufführung statt. Karten können online gebucht werden.

Mílos ➡ westl.aC1
Odós Andréou Georgíou 56
Thessaloníki
✆ 23 10 55 18 36
www.mylos.gr
In der zum Kulturzentrum umgebauten Industriemühle im alten Hafenviertel der Stadt finden oft Jazz-, Pop- und Rockkonzerte bekannter Interpreten statt. ■

Das gesellschaftliche Zentrum Thessaloníkis: die Platía Aristotélous

Ausflugsziel Metéora-Klöster

Ein geologisches Phänomen: die Metéora-Felsnadeln am Rande der thessalischen Ebene

Zu den spektakulärsten und berühmtesten Sehenswürdigkeiten Griechenlands zählen die Metéora-Felsen, die auf einer langen Tagestour von der Chalkidikí und Thessaloníki aus per Ausflugsbus oder Mietwagen zu erreichen sind.

Dem beeindruckenden, über 2000 Meter hohen Pindos-Gebirge gegenüber ragen sie auf der anderen Seite des breiten Urstromtals des Flusses Piniós aus der Ebene heraus. Je nach Tageslicht schimmern die bis zu 300 Meter hohen, meist senkrecht abfallenden Felsnadeln und -klötze in allen erdenklichen Grau-, Braun- und Rottönen. Wind, Regen und Schnee haben weicheres Gestein ausgespült und Grotten entstehen lassen, in denen schon seit dem frühen Mittelalter Eremiten lebten.

In der Mitte des 14. Jahrhunderts gründeten dann einige von ihnen unter der Führung eines Áthos-Mönchs das erste Kloster auf einem der winzigen, nahezu unzugänglichen Felsplateaus. In den folgenden 200 Jahren entstanden 19 weitere Konvente. Heute sind noch sechs von ihnen bewohnt, etwa 60 Mönche und Nonnen verbringen hier ein frommes Leben.

Mittlerweile muss niemand mehr mühsam auf Strickleitern nach oben steigen oder sich auf abenteuerliche Weise in Körben und Netzen an Tauen emporziehen lassen, wie das noch vor 100 Jahren der Fall war. Fünf der sechs Klöster sind heute über stufenreiche, in den Fels geschlagene Wege gut zu erreichen, das große **Nonnenkloster Ágios Stéfanos** gar liegt nur rund 30 ebene Meter vom Busparkplatz entfernt. Alle sechs Konvente stehen männlichen und weiblichen Besuchern ganzjährig zur Besichtigung offen.

Die **Mönchsklöster Megalo Metéoro und Varlaám** sind die größten und bedeutendsten. In ihren Museen wird vom Klosterleben vergangener Zeiten erzählt, werden Ikonen und mittelalterliche Handschriften gezeigt. Ihre Kirchen sind mit wertvollen Fresken ausgemalt. Schön sind auch die beiden Ortschaften zu ihren Füßen: die Kleinstadt **Kalambáka** und das Dorf **Kastráki**, in denen es Tavernen, Hotels und Pensionen in großer Zahl gibt.

Reiseregionen, Orte und Sehenswürdigkeiten

Áthos-Halbinsel

Die Áthos-Halbinsel ist der Betfinger der Chalkidikí. Den größten Teil nimmt die nur für Männer mit besonderem Visum zugängliche **Mönchsrepublik Áthos** ein. Einen kleinen Eindruck von deren Schönheit gewinnt, wer auf einer Tageskreuzfahrt an ihren Küsten entlangfährt. Tor zur Mönchsrepublik ist das große Dorf **Ouranoúpoli**. Hier und oberhalb des Strandes bis hin nach Tripití stehen die meisten Hotels der Region. Von **Tripití** gelangt man auch zur einzigen bewohnten Insel Makedoniens hinüber – nach Amoulianí.

Ierissós ➡ F11

Am über drei Kilometer langen Strand von Ierissós baden überwiegend Griechen. In seinem Zentrum schwimmen in einem **Aquarium** mit neun Fenstern einige Mittelmeerfische, am nördlichen Ortseingang steht hundert Meter von der Hauptstraße entfernt der **Kroúna-Turm** aus byzantinischer Zeit.

Entlang der Straße nach Néa Róda werden direkt am Ufer in mehreren kleinen Werften noch immer die typischen Holzboote der Ägäis, *kaíki* genannt, gebaut. Heute allerdings ordern die Reedereien keine Lastensegler und Fischerboote mehr, sondern vor allem Ausflugsschiffe.

Áthos ➡ F11
Odós Ioánni Apostolídi (am Aquarium), Ierissós
✆ 23 37 02 29 66
Gepflegte Fischtaverne mit großer Terrasse fast unmittelbar am Meer. €€€

Insel Amoulianí ➡ F/G11

Auf der einzigen ständig bewohnten Insel der Chalkidikí leben ganzjährig etwa 550 Menschen. Das Eiland dicht vor der Küste

Kapelle auf der kleinen Insel Amoulianí

Für Frauen sind die Áthos-Klöster absolut tabu, Männer benötigen ein Visum

der Áthos-Halbinsel ist nur zwölf Quadratkilometer groß, seine höchste Erhebung liegt gerade mal 250 Meter über dem Meerespiegel. Den einzigen Inselort, wie die Insel Amoulianí genannt, gründeten griechische Flüchtlinge aus Kleinasien 1923. Lange lebte man bescheiden von Fischerei, etwas Landwirtschaft, Meersalzgewinnung und Dienstleistungen für die Áthos-Klöster, bis die Bewohner Thessaloníkis das Eiland als **Feriendomizil** entdeckten und erste kleine Hotels entstanden.

Bald schon musste Trinkwasser mit Tankschiffen herangeschafft werden, da das inseleigene nicht mehr ausreichte. Inzwischen bevölkern im Hochsommer bis zu 10 000 Menschen die Insel. Das Wasserproblem wurde durch den Bau einer Wasserleitung zum Festland gelöst, das Problem der hochsommerlichen Überfüllung aber bleibt. Im Frühjahr und Herbst kann man Amoulianí viel angenehmer erleben als im Juli und August.

Fährhafen für Amoulianí ist der Festlandsweiler Tripití. Mehrere Fähren pendeln zwischen dessen Kai und dem Hafen von Amoulianí hin und her. Auf Amoulianí stehen Pferdewagen bereit, um Besucher in etwa 15 Minuten Fahrt zum schönen, 800 Meter langen Sandstrand **Alíkes Beach** zu bringen. In den Ort selbst sind es nur wenige Schritte vom Hafen. Einziger historischer Bau ist hier ein **Wehrturm** am Wasser, der wohl aus dem 19. Jahrhundert stammt und als Bar genutzt wird.

Tsánis ➡ F11
Über dem kleinen Stadtstrand auf der dem Hafen abgewandten Seite von Amoulianí
✆ 23 77 05 13 83
Alteingesessene Taverne mit Terrasse über dem Meer, große Auswahl, frischer Fisch, freundlicher Service. €€

Mönchsrepublik Áthos

➡ E–H12–14

Die Mönchsrepublik Áthos, im Griechischen als *Ágios Óros*, Heiliger Berg, bezeichnet, ist in inneren Angelegenheiten autonom. 2300 Mönche leben in **20 Klöstern**, zu denen noch zahlreiche *Skítes* genannte Mönchssiedlungen außerhalb der Klöster sowie *Kellien* – Einsiedeleien – gehören.

Orthodoxer Mönch vom heiligen Berg Áthos

Verschiedene orthodoxen Nationalkirchen sind hier vertreten. 17 Klöster sind griechisch-orthodox, je eins ist russisch-, serbisch- und bulgarisch-orthodox. Außerdem gibt es eine rumänisch-orthodoxe *Skíti*. Alle Mönche, die sich auf dem Heiligen Berg niederlassen wollen, erhalten jedoch automatisch die griechische Staatsangehörigkeit.

Außer den Mönchen leben auch viele Arbeiter für längere Zeit in der Mönchsrepublik. Sie sind überwiegend im Straßenbau, bei der Renovierung der Klöster und in der Forstwirtschaft tätig. Post, Elektrizitätsgesellschaft und die Telekommunikationsgesellschaft OTE haben Mitarbeiter auf der Halbinsel stationiert, weltliche Ärzte, Zöllner und Polizisten üben hier ihren Beruf aus. Offizieller Vertreter des griechischen Staates ist ein Gouverneur, der im Dorf **Kariés** ➡ G13 im Binnenland der Mönchsrepublik residiert, wo auch die autonomen Verwaltungsorgane ihren Sitz haben.

Das Kloster Megístis Lávras ist die Mutter aller Áthos-Klöster

Die Geschichte der Mönchsrepublik beginnt mit frommen Eremiten, die im Jahr 843 erstmals auf der Halbinsel schriftlich bezeugt sind. Nach neuesten Erkenntnissen war das **Moní Zygoú** ➡ F12, dessen Ruine heute gerade noch im weltlichen Teil der Áthos-Halbinsel nahe Ouranoúpoli steht, das erste Áthos-Kloster überhaupt. Allerdings wurde es bald nach seiner Gründung schon wieder aufgegeben. Offiziell gilt das **Moní Megístis Lávras** ➡ H14 als erstes und damit ehrwürdigstes Áthos-Kloster. Ein gewisser Athanássios aus Trapezunt am Schwarzen Meer gründete es 963 mit finanzieller Unterstützung des byzantinischen Kaisers. Noch vor der Jahrtausendwende wurden die **Klöster Vatopédiou** ➡ F/G13 und **Ivíron** ➡ G14 gegründet.

Im 11. Jahrhundert kamen weitere zehn Klöster hinzu, später folgten noch sieben andere. Durch Schenkungen byzantinischer Kaiser und anderer christlicher Fürsten, aber auch durch Vermächtnisse einfacherer Leute und Geschenke von Pilgern gelangten die Klöster zu einigem Wohlstand und besaßen bald Ländereien überall auf der Chalkidikí sowie im übrigen Griechenland und über dessen Grenzen hinaus. In der Mönchsrepublik selbst lebten teilweise über 20 000 Mönche, was auch die gewaltige Größe vieler Konvente erklärt.

Nach der Eroberung Makedoniens durch die Osmanen im 15. Jahrhundert wurden die Klöster hart besteuert, blieben ansonsten aber unbehelligt. Als die Griechen sich 1821 gegen die osmanische Fremdherrschaft erhoben, schlossen sich auch viele Mönche dem Freiheitskampf an. 1826 lebten nur noch 600 fromme Männer auf dem Heiligen Berg. Nach dem Ende der Kämpfe 1829 nahm ihre Zahl wieder zu: Jetzt ließen sich auf dem Áthos vor allem russisch-orthodoxe Mönche nieder, deren Zahl bald die der griechisch-orthodoxen Brüder übertraf.

Nach der russischen Oktoberrevolution wurde diese Entwicklung abrupt gestoppt. Durch den Sieg der Kommunisten verloren die Áthos-Klöster ihre zahlreichen Besitztümer im ehemaligen Zarenreich. Als dann 1923 über eineinhalb Millionen griechische Flüchtlinge aus Kleinasien und vom Schwarzen Meer nach Griechenland strömten, mussten die Áthos-Klöster zahlreiche Ländereien auf der Chalkidikí dem Staat überlassen, der sie den Flüchtlingen zur Verfügung stellte. Im Gegenzug erhielt die griechisch-orthodoxe Kirche neue Privilegien wie die Besoldung ihrer Priester durch den Staat.

Der Alltag der Mönche

Ikone der heiligen Gottesmutter auf dem Berg Áthos

Orthodoxe Mönche sind weitaus seltener sozial engagiert als Angehörige römisch-katholischer Orden. Ihr Leben ist ganz auf Gott ausgerichtet, der Vollzug aller gottesdienstlichen Rituale und das Studium der Heiligen Schrift ist wesentlicher Lebensinhalt. Mittwoch und Freitag gelten das ganze Jahr über als Fastentage, an denen jeweils nur eine einzige karge Mahlzeit eingenommen wird. Auch die Fastenzeiten vor Ostern, Mariä Entschlafung und Weihnachten werden streng eingehalten.

Die Mönche nehmen alle Mahlzeiten gemeinsam ein. Sobald der auf Lebenszeit gewählte Abt die Mahlzeit beschließt, müssen auch alle anderen mit dem Essen aufhören. Jeweils am frühen Morgen und am frühen Abend begeht man gemeinschaftlich den sich über zwei bis drei Stunden hinziehenden Gottesdienst. Den Tag verbringen die Mönche mit Arbeiten ganz nach ihren Fähigkeiten. Einige wenige Mönche malen Ikonen, viele andere sind in der Forst- und Landwirtschaft tätig, arbeiten als Handwerker und Imker, ziehen Kerzen, weben oder fischen.

Pilgerbüro: Iera Epistasia Agiou Orous, Grafio Proskiniton
➡ aD5
Odós Egnatía 109
Thessaloníki
✆ 23 10 25 25 78
Einreisevisa zum Besuch der Mönchsrepublik Áthos werden nur an Männer ab 18 Jahren und für maximal drei Nächte vergeben; junge Männer unter 18 Jahren müssen in Begleitung eines Erwachsenen reisen. Die Zahl der nicht orthodoxen Besucher ist offiziell auf zehn Einreisende pro Tag beschränkt. Etwa sechs Monate vor dem geplanten Besuch muss eine telefonische Anmeldung (auf Englisch möglich) beim Pilgerbüro in Thessaloníki erfolgen. Danach ist ein formloser schriftlicher Antrag auf Englisch dort einzureichen. Etwa zwei Wochen vor dem Einreisetermin sollte sich der Besucher den Termin vom Pilgerbüro telefonisch bestätigen lassen.

Am Tag vor der Einreise oder am frühen Morgen des Einreisetages geht man dann zum Pilgerbüro in Ouranoúpoli und holt sein *Diamonitírion* genanntes und auf einem schönen Papier verfasstes Visum ab. Dort zahlt man auch die Visagebühr (Studenten bis 27 Jahre erhalten bei Vorlage des Internationalen Studentenausweises eine Ermäßigung).

Schiffsanreise nach Dáfní
➡ G13
Die Fähre zum Hafen Dáfní in der Mönchsrepublik sowie die Schnellboote fahren täglich in Ouranoúpoli ab (www.agioreitikes-grammes.com).

Von Dáfní fährt ein Bus in den Verwaltungshauptort Kariés. Außerdem stehen meist einige Unimog-Taxis bereit, die Touristen zu verschiedenen Klöstern bringen. Bei der Auswahl des Klosters ist der Besucher frei, er sollte jedoch am Morgen ein Bett im Kloster seiner Wahl telefonisch reservieren. Die Klöster verlangen keine Bezahlung, erwarten jedoch eine Spende sowie die Teilnahme am Morgengottesdienst.

Tageskreuzfahrten entlang der Küste der Mönchsrepublik
Von **Ouranoúpoli** ➡ F12 und **Ormós Panagías** ➡ G10 auf der Sithonía-Halbinsel aus werden täglich Kreuzfahrten entlang der Westküste der Mönchsrepublik unternommen. An ihnen kann

Bootsausflug zum Áthos-Berg, der sich steil aus der Ägäis erhebt

Ouranoúpoli: Von hier aus starten die Boote zur Áthos-Kreuzfahrt

jeder unabhängig von Geschlecht und Alter teilnehmen. Während der Fahrt gibt ein Fremdenführer mehrsprachig Informationen zur Mönchsrepublik und den Klöstern, die man von Bord aus sieht. Da ein Mindestabstand zum Ufer von mindestens 500 Metern eingehalten werden muss, leistet ein Fernglas gute Dienste. Die Schiffe fahren in der Regel fast bis zur Südspitze der Áthos-Halbinsel, wo der Berg Áthos 2030 Meter fast unmittelbar aus der Ägäis aufsteigt.

Néa Róda ➡ F11

Néa Róda ist ein typisches Beispiel für die von Flüchtlingen aus Kleinasien in den 1930er Jahren gegründeten Siedlungen. Vom kleinen Hafen aus werden die Áthos-Klöster an der Ostküste der Mönchsrepublik versorgt. Am Ortsausgang Richtung Ouranoúpoli macht ein braunes Schild darauf aufmerksam, dass hier die Perser im frühen 5. Jahrhundert begannen einen Kanal für ihre Kriegsflotte zu bauen, um dieser die gefährliche Umschiffung des Kap Áthos zu ersparen. Zu sehen ist höchstens eine Geländemulde.

Xérxis ➡ F11

Am südlichen Ortsrand, Néa Róda
Trendige Beach Bar auf grünem Rasen zwischen jungen Palmen direkt am Strand, innen unterm Zeltdach schick möbliert.

2 Ouranoúpoli ➡ F12

Die »Himmelsstadt« (so die Übersetzung des Namens) ist der Hauptversorgungshafen für die Mönchsrepublik Áthos. Von hier aus bringen Linienschiffe und Taxiboote Mönche und Pilger zu den an der Westküste gelegenen Klöstern und nach Dáfni, dem Hafen der Mönchsrepublik. Zugleich liegt Ouranoúpoli am südlichen Ende eines **kilometerlangen Strandareals** mit zahlreichen großen Hotels.

So bietet der Ort einen bunten Cocktail aus bärtigen frommen Männern und luftig gekleideten Urlaubern, zu denen sich noch zahlreiche Tagesausflügler von der übrigen Chalkidikí gesellen. Entlang der Hauptstraße reihen

Mittelpunkt der griechischen »Männerwelt« ist immer noch das Kafeníon

sich Ikonenhändler und Schmuckgeschäfte aneinander, die kurze Uferpromenade ist mit Tavernen gut bestückt.

Pyrgos tou Prosphorioú ➡ F12
Am Schiffsanleger, Ouranoúpoli
Nur sporadisch geöffnet
Den mächtigen Wehrturm ließen die Mönche des Áthos-Klosters Vatopédiou im Jahr 1344 erbauen, um darin Vorräte zu lagern. Heute werden in einem Teil des Turms Ikonen gezeigt, in einem anderen wird die Geschichte der Teppichweberei in Ouranoúpoli erzählt.

Klosterruine Zygoú ➡ F12
2 km südlich nahe dem Meer, direkt an der Grenze zur Mönchsrepublik
Folgt man der unbefestigten Uferstraße vom Wehrturm am Meer entlang zur Grenze der Mönchsrepublik, kommt man zu den Ruinen eines schon im 10. Jh. gegründeten Klosters, das aber nur kurzfristig von Áthos-Mönchen bewohnt war. Danach verfiel es, bis Kreuzritter aus dem Westen es im 13. Jh. als Festung wieder instand setzten. Später wurde es jahrhundertelang als Gutshof genutzt, wovon z. B. noch eine Olivenpresse zeugt.

Skítes ➡ F12
An der Küstenstraße zur Klosterruine Zygoú, Ouranoúpoli
✆ 23 77 07 11 40
Gepflegtes Restaurant auf dem Gelände des gleichnamigen Bungalow-Hotels fernab vom touristischen Trubel des etwa 2 km entfernten Ortes. Mediterrane Küche, stets frisch zubereitet, im Hochsommer manchmal Klassikkonzerte am kleinen Pool direkt am Meer. €€€

Bootstouren zu den Dreniá-Inseln ➡ G11
Unmittelbar nördlich des Fähranlegers und des Prosphórios-Turms bieten Vermieter Motorboote für Selbstfahrer an. Diese sind mit Sonnendächern überspannt sowie mit Sprechfunkgeräten und Schwimmwesten ausgestattet. Für Boote mit maximal 30 PS starken Motoren ist kein Bootsführerschein erforderlich. Mit den Booten kann man zu den unbewohnten Dreniá-Inseln fahren, die kleine Strände und Sommertavernen bieten.

Kassándra-Halbinsel

Die Kassándra ist die **lieblichste Halbinsel** der Chalkidikí. Ihre höchste Erhebung erreicht nur 353 Meter, die Landschaft ist überwiegend sanft gewellt, Getreide und Baumwolle gedeihen. Die **Strände sind kilometerlang**, verlaufen teilweise vor niedrigen Steilufern. Manche sind herrlich weiß, andere rötlich gefärbt. Viele Orte liegen direkt am Meer. Von der Westküste aus blickt man zum Götterberg Olymp hinüber, von der Ostküste aus lugt hinter der Sithonía-Halbinsel bei klarer Sicht der über 2000 Meter hohe Gipfel des heiligen Berg Áthos hervor.

3 Áfitos ➡ H8

In diesem schönen alten Dorf sind die Häuser entweder alt und ganz aus **Naturstein** erbaut oder neu, aber mit Naturstein verkleidet. Die engen Gassen krümmen sich nur selten in rechten Winkeln. Vom Höhenweg auf dem Steilufer blickt man hinunter auf den schmalen Strand und über den Toronäischen Golf zur Sithonía-Halbinsel. Aus Tavernen und schönen Bars genießt man das Panorama. Der kleine **Dorfplatz** ist noch Mittelpunkt echt griechischen Lebens: Áfitos ist ein Ort mit viel Flair.

Ágios Dimítrios ➡ H8
An der Hauptstraße
Áfitos
Die Dorfkirche aus dem Jahr 1859 besitzt einen schlanken Glockenturm, den schlichte Reliefs mit symbolischen und volkstümlichen Darstellungen schmücken. Aus dem frei zugänglichen Vorraum blickt man ins nur zu Gottesdiensten geöffnete Kircheninnere mit seiner schönen hölzernen Ikonostase hinein.

Sousouráda ➡ H8
An der Straße von der Kirche zum Strand, nahe der Kirche, Áfitos
✆ 23 74 09 15 94
Schnörkellos eingerichtetes Gourmet-Restaurant eines griechischen Fernsehkochs, in dem das kreative 3-Gang-Menü durchaus noch erschwinglich ist. €€€

Moudounoú ➡ H8
30 m abseits der Straße zum Strand, Áfitos
✆ 23 74 09 15 09

Fischerboote vor der Kassándra-Halbinsel

Das gut gestylte, in Weiß gehaltene Restaurant oberhalb des Strandes setzt ganz auf Fisch und Meeresfrüchte, darunter als seltene Spezialitäten auch Seeigel, Seepocken und Wildmuscheln. Drinks und Snacks werden auch am Strand serviert. €€

Stroumboúli ➡ H8
30 m abseits der Straße von der Dorfkirche nach Thessaloníki
Áfitos
✆ 23 74 11 14 33
Gepflegte Taverne mit einem Orangenbaum auf der Terrasse und kleinen Tischen auf mehreren Balkonen des alten Natursteinhauses. Moderne griechische Küche. €€

To Stéki ➡ H8
Im Ortszentrum nahe der Kirche
Áfitos
✆ 23 74 09 11 42
Die schlichte Taverne mit gutem Service bietet eine breite Auswahl an griechischen und internationalen Gerichten zu jeder Tageszeit. €

Boyáta ➡ H8
Am Kirchplatz, Áfitos
✆ 69 37 74 36 06
Auf den kleinen Terrassen des Musikcafés Boyáta sitzt man wie in einem kleinen Dorf im Dorf, genießt auch kleine Gerichte und hört gute griechische Musik.

Typisch für Áfitos sind die Häuser aus Naturstein

Koutsómylos ➡ H8
Am Ende der Gasse, die links an der Kirche entlang aufwärts führt, Áfitos
✆ 23 74 09 10 50
Romantische Bar in einer alten Olivenölmühle, ruhig gelegen mit tollem Meerblick.

Sobóro ➡ H8
An der Schule, Áfitos
Bar mit Dachterrasse, das ganze Jahr über auch Treffpunkt jüngerer Einheimischer. Zu tschechischem Fassbier gibt es Kleinigkeiten zu essen, im Sommer finden Livekonzerte und Karaoke-Abende statt.

Ímeros ➡ H8
An der Hauptgasse zwischen Kirche und Apotheke, Áfitos
Ruhiger Rückzugsort mit schattiger Terrasse für gute, kühle Getränke mit nur leiser Musik.

Mageménos ➡ H8
An der Hauptstraße oberhalb der Platía, Áfitos
Handgearbeiteter Schmuck und kleine, dekorative, originelle Objekte – in Preislagen von 16 bis 2000 Euro. Inhaberin Maria Bray spricht fließend Englisch.

I Áfitos tis Athitoú ➡ H8
2. Juliwoche bis Mitte Aug.
Kulturfestival mit etwa 20 Veranstaltungen, zumeist auf und an der Platía. Dazu gehören Ausstellungen, Konzerte, Folkloreabende und Gastspiele eines Schattenspieltheaters.

Mariä Entschlafung ➡ H8
Áfitos, 14./15. Aug.
Im westkirchlichen Bereich als Mariä Himmelfahrt begangen, gilt der 15. August orthodoxen

Seit den 1970er Jahren Anziehungspunkt für Touristenströme: der Strand von Kalithéa

Gläubigen als Tag des Marientodes, Mariä Entschlafung. Am Vorabend und am Abend des Festtages selbst wird in vielen Orten Griechenlands kräftig gefeiert, so auch in Áfitos: Auf der Platía spielt dann eine griechische Band zum Tanz auf. Meist ist dabei auch Folklore zu sehen.

Haniótis ➡ J9

Der Ort ist in den 1930er Jahren neu entstanden. Eine kleine Parkanlage trennt den Sandstrand vom Ortskern. Sehenswürdigkeiten gibt es nicht, dafür aber zahlreiche Tavernen und viele **Wassersportmöglichkeiten**.

Archontikó ➡ J9
In der Nordostecke der Platía Haniótis
Die von zwei Brüdern und ihren Familien sehr familiär und effizient betriebene Taverne bietet gute griechische und internationale Küche zu akzeptablen Preisen. Auch die Steaks gelingen fast immer sehr gut. €€

DÍAS ➡ J8
Links oberhalb der Straße vom Zentrum zum Großhotel Pallíni Beach
Schön ruhig direkt an der Steilküste im Grünen gelegene Taverne mit Garten, vor allem für abends zu empfehlen. €€

Kalithéa ➡ J8

Die rasterförmig angelegten Straßen im modernen Ortszentrum sind ganz auf die vielen Urlauber abgestellt, die in den großen Hotels südlich von Kalithéa wohnen. Ein schöner kleiner Park säumt das Steilufer. Von dort blickt man auf die einzige historische Sehenswürdigkeit, die spärlichen Überreste eines **antiken Heiligtums**.

Heiligtum des Dionysos, Ammon Zeus und Asklipios ➡ J8
Kalithéa
Eintritt frei
Die archäologische Stätte – eine der schönsten der Chalkidikí – wurde nach Abschluss der Ausgrabungen 2007 in einen Park

verwandelt, in dem ausführliche Info-Tafeln erläutern, was aus der Antike erhalten blieb: Höhlenheiligtum, Tempelfundamente, Mauern einer Therme. Schon im 8. Jh. v. Chr. wurden hier in einer Grotte Dionysos und die Nymphen verehrt, im 4. Jh. v. Chr. erbaute man Zeus einen Tempel, die Römer fügten Thermen und ein Äskulap-Heiligtum hinzu.

Paramithi ➡ J8
An der Hauptstraße Richtung Áfitos, Kalithéa
Kleine *Ouzerí* mit grün überrankter Terrasse, viele kalte und warme griechische Gerichte zur Auswahl. Kostenswert: Der regionale Tresterschnaps *Tsípouro*. €

Diskotheken-Tal ➡ J8
Zwischen dem Ortszentrum und den großen Hotels am Strand liegt in einem Seitental das Nightlife-Zentrum der Chalkidikí. Mehrere große Clubs (Coral, Fix Live, Markiz, Pearl, Ahoy und Island) bieten in Sommernächten sowohl griechische als auch internationale Musik, teilweise sogar live. Außerdem kann man hier bowlen und Gokart fahren.

Kriopigí ➡ J8

Oberhalb der Kassándra-Rundstraße erstreckt sich das alte Dorf mit seiner kleinen Platía, auf der anderen Seite ziehen sich Hotels und Pensionen in lockerer Bebauung den Hang hinauf. Ein Miniaturzug auf Gummirädern verbindet den Ort über kurvige Sträßlein mit dem Strand, der sich leicht gewunden vor einem Kiefernwäldchen auf niedriger Steilküste ausdehnt.

Platía tis Anthoúlas ➡ J8
Im historischen Dorfkern
Kriopigí
Stimmungsvolle Taverne an dem kleinen Dorfplatz in einem über 150 Jahre alten Natursteinhaus. Bei schönem Wetter sind die Tische auf dem Platz beliebt. €€

Dive Club Kassandra ➡ J8
An der Hauptstraße
Kriopigí
✆ 69 76 51 90 41
www.diveclub-kassandra.de
April–Okt.
Katerina und Norbert Höger betreiben ihre deutschsprachige PADI-Tauchschule schon seit 1996.

Loutra tis Agías Paraskevís ➡ K9

Der auch Ágios Nikólaos genannte kleine Ort ist **einer der bedeutendsten Thermalbadeorte** Nordgriechenlands. Im modernen Kurzentrum hoch über dem Meer nutzt man im großen Innen- und Außenbecken sowie in Wannenbädern das schwefelhaltige, 37,5 bis 39 °C heiße Thermalwasser, das in kleinen Grotten unterhalb des Kurhauses entspringt. Sauna, Hamam und Hydromassage stehen ebenfalls zur Verfügung.

Panagía Faneroméni ➡ K9
Etwa auf halbem Wege an der Kassándra-Rundstraße nach Néa Skióni
Die kleine Kirche direkt am Meer ist ein Wallfahrtsziel. Deswegen stehen am idyllischen Kirchplatz einige kleine Wohngebäude mit Pilgerunterkünften, die das ganze Jahr über auch von einer Bauernfamilie bewohnt sind. Die Kirche mit Wandmalereien aus dem 17. Jh. birgt eine eigenartige, als wundertätig geltende Marienikone, die vor langer Zeit auf den Marmorsockel einer Statue gemalt wurde.

Die Vertiefungen, in denen die Füße der Statue standen, sind deutlich zu erkennen. Gläubige sehen für die Fußabdrücke freilich einen anderen Grund: Die stei-

Das Wahrzeichen des kleinen Ferienortes Néa Fókea auf der Kassándra-Halbinsel ist der Wehrturm Ágios Pávlos

nerne Ikone war wundersamerweise vom Meer an dieser Stelle angespült worden, um den Menschen zu bedeuten, ihr hier eine Kirche zu errichten. Einmal kam ein Ungläubiger und bezweifelte, dass eine steinerne Ikone schwimmen könne. Verächtlich trat er mit den Füßen auf den harten Stein, der plötzlich so weich wie Lehm wurde und seine Fußabdrücke aufnahm.

Von anderen Wundern berichten Tafeln in mehreren Sprachen auf der Außenseite der Westwand: Die Ikone weine immer dann, wenn Griechenland Böses widerfahre. So traten Tränen in Mariens Augen, als deutsche Truppen 1940 in Griechenland und türkische Truppen 1974 auf Zypern einmarschierten, oder 1993, als Radikale in Skopje Ansprüche auf Thessaloníki erhoben …

Kurzentrum ➡ K9
An der Kassándra-Rundstraße Richtung Palioúri
Loutrá tis Agías Paraskevís
✆ 23 74 07 18 10
Mit Innen- und Außenbecken sowie Wannenbädern. Von der großen Caféterrasse am Außenbecken eröffnet sich ein grandioser Meerblick.

Néa Fókea ➡ H8

Wahrzeichen des in den 1920er Jahren gegründeten Dorfes ist ein 17 Meter hoher, gut erhaltener **Wehrturm** aus dem frühen 14. Jahrhundert über der kleinen Hafenbucht. Er gehört zum Áthos-Kloster Ágios Pávlos, wird aber nicht mehr genutzt und kann besichtigt werden. Im Dorf locken Tavernen und traditionelle Cafés.

Ágios Pávlos/Makedonisches Grab ➡ H8
Néa Fókea
Frei zugänglich
Vom kleinen Parkplatz an der Hafenbucht führt ein kurzer Fußgängertunnel unter der Kassándra-Rundstraße hindurch zur Höhlenkapelle des Apostels Paulus. Über Stufen gelangt man hinunter zu der kleinen Grabanlage aus dem 4. Jh., in der sich an einem Punkt Tropfwasser sammelt, das der örtlichen Legende nach vom Apostel gesegnet ist.

Während einer seiner Missionsreisen nach Griechenland soll Paulus auf der Sithonía-Halbinsel zum Schutz vor Verfolgern vom Erdboden verschluckt worden und an dieser Stelle wieder ans Tageslicht gekommen sein.

Mános ➡ H8
An der Kassándra-Rundstraße unmittelbar oberhalb des Parkplatzes am Hafen, Néa Fókea
✆ 23 74 08 16 24
Eine von mehreren gepflegten Fischtavernen im Ort, die fast immer auch lebenden Hummer und Langusten vorrätig haben. Man sitzt sehr schön mit Blick auf Fischerboote und Meer. €€€

Néa Potidéa ➡ H7

Unmittelbar nördlich von Néa Potidéa durchschneidet seit der Antike ein 1250 Meter langer Kanal den Ansatz der Kassándra-Halbinsel und verbindet den Thermäischen mit dem Toronäischen Golf. Erst seit 1970 wird er von einer Straßenbrücke überspannt, bis dahin gelangte man nur per Fähre auf die Kassándra. An beiden Enden des Kanals wurden **Fischereischutzhäfen** angelegt; vor allem in dem am Westausgang liegen stets mehrere Fischkutter.

Einige **Reste der antiken Stadtbefestigungen** erheben sich aus dem flachen Wasser und an Land. Von hier aus zog sich eine Stadtmauer mit Türmen an der Südseite des Kanals entlang, von der an mehreren Stellen noch eindrucksvolle mittelalterliche Reste erhalten sind.

Der heutige Ort Néa Potidéa ist deutlich zweigeteilt. Östlich der Kassándra-Rundstraße liegt der alte **Ortskern**, das *chorió* mit seiner großen, von Tavernen und Geschäften des Alltagsbedarfs gesäumten Platía. Westlich der Straße erstreckt sich hinter dem langen, schmalen **Sandstrand** entlang des Toronäischen Golfs das touristische Viertel, *paralía* genannt. An der Uferpromenade reihen sich Restaurants, Cafés und Bars aneinander; auch ein kleiner Rummelplatz mit Karussells ist vorhanden.

O Germanos ➡ H7
An der Uferpromenade an der Ostküste, Néa Potidéa
✆ 69 48 83 86 14

Der Jahrmarkt von Ágios Mámas

Seit vielen Jahrzehnten strömen die Menschen der Chalkidikí jedes Jahr an den ersten drei Septembertagen zum Bauerndorf Ágios Mámas neun Kilometer nördlich von Néa Potidéa. Zu Ehren des gleichnamigen Heiligen, eines frühchristlichen Märtyrers aus Cäsarea, wird dort der größte Jahrmarkt der Chalkidikí begangen.

An der Kirche des Heiligen, der vor allem als Beschützer der Hirten und Herden gilt, wurde dafür eigens ein Festplatz geschaffen. Gottesdienste und eine Prozession gehören zum religiösen Programm. Vor allem aber kommt man, um einzukaufen, sich über neue Produkte für die Landwirtschaft zu informieren, zu essen, zu trinken, zu feiern – und Freunde zu treffen, die man sonst vielleicht das ganze Jahr über nicht sieht. Früher kamen die Besucher mit Booten und Reittieren, heute meist mit dem Auto. Trotzdem werden weiterhin die Nächte durchgefeiert.

Weinbauer zwischen Néa Fókea und Sáni

In der Taverne direkt am Strand servieren Wirt Kyriákos und seine perfekt Deutsch sprechende Frau Anna kreative Köstlichkeiten der jungen griechischen Küche zu ganz normalen Preisen. €€

Párko ➡ H8
An der Platía im Ortsteil Chorió
Néa Potidéa
✆ 23 73 04 30 43
An fast jedem Abend erklingt hier griechische Livemusik. Man kann dazu essen, aber auch einfach nur einen Drink genießen oder ein Eis schlecken. Kinder können derweil in einem großen separaten Zimmer herumtoben. €€

Palioúri ➡ K9

Der große Binnenort zwischen West- und Ostküste ist touristisch noch recht unberührt. Palioúri hat keine besonderen Sehenswürdigkeiten zu bieten, traumhaft schön ist jedoch der drei Kilometer entfernte Sandstrand **Chroussó Beach**, der sich sichelförmig um eine weite, nahezu unverbaute Bucht legt. Allerdings ist er leider häufig auch recht überlaufen. Außerdem sind die Strandliegen und Beach Bars hier wohl die teuersten der gesamten Chalkidikí.

Akrítas Ef Zin ➡ K9
An der Straße nach Loutrá
Palioúri
✆ 69 76 77 05 00
Elegant eingerichtetes Café und Restaurant mit Panoramablick bis zu den Bergen im chalkidischen Hinterland und zum Berg Áthos, gepflegte Auswahl an guten griechischen Weinen, griechische und internationale Küche. €€€

Tauchschule Triton Scuba ➡ K10
Im Hotel Chroussó Village an der Straße zum Chroussó Beach
Palioúri
✆ 23 74 09 20 88
www.tritonscuba.gr
International besetzte, auch deutschsprachige Tauchschule und -station mit vielfältigem Angebot, darunter auch Schnorchelkurse und Materialverleih.

Pefkohóri ➡ J9

Das »Piniendorf« (so die Übersetzung des Ortsnamens) war von den schweren Waldbränden 2006 besonders gefährdet. Die vom Binnenland her nahende Feuerwalze konnte erst am äußeren Ortsrand gestoppt werden. Im Hinterland sieht man deutliche Spuren, doch im Ort selbst und entlang

Brennende Kerzen aus Bienenwachs in Ágios Athanássios

der Kassándra-Rundstraße ist davon nichts zu bemerken. Die Rundstraße gleicht weiterhin einer **Oleanderallee**, der **historische Ortskern** auf ihrer Binnenseite gehört zu den idyllischsten der ganzen Kassándra. Seinen Mittelpunkt bilden zwei direkt ineinander übergehende Plätze mit Läden, Tavernen und der **Dorfkirche**.

Ágios Athanássios ➡ J9
Platía im alten Ortskern Pefkohóri
Die bemalte Decke des schlichten, 1850 geweihten Gotteshauses vermittelt das Gefühl unter einem Sternenhimmel zu stehen. Von der auf drei Seiten umlaufenden Holzempore aus nahmen ehemals die Frauen am Gottesdienst teil.

Glarokávos ➡ J9
Zwischen der Kassándra-Rundstraße und dem Meer, ca. 5 km südöstlich von Pefkohóri
Nur eine schmale Öffnung zwischen zwei baumbestandenen, sandigen Nehrungen verbindet den lagunenartigen See von Glarokávos mit dem offenen Meer. Am Seeufer liegen Fischerboote und Jachten, auf den Nehrungen wird wild unter Bäumen gezeltet. Darunter leidet leider die Sauberkeit, sodass das Baden an den Stränden hier nur dann ein Vergnügen ist, wenn ein kräftiger Sturm zumindest die Uferstreifen gereinigt hat. Wegen der fotogenen Landschaft sollte man – sofern motorisiert unterwegs – aber dennoch zur Spitze einer der beiden Nehrungen fahren.

Mákis ➡ J9
An der kleinen Platía im alten Dorf Pefkohóri
✆ 23 74 06 23 39
Beliebter Treffpunkt von Einheimischen und Urlaubern im schönsten Winkel des alten Ortskerns, etwas versteckt hinter der am frühen Abend meist geöffneten Kirche. Hier ist die gesamte Wirtsfamilie integriert, das Essen ist schnörkellos urgriechisch. Gegrillte kleine Fische sind stets vorrätig, auch Vegetarier werden satt. €

Cuccuredu Bar ➡ J9
250 m südlich der Mole Pefkohóri
Ganz in Holz gehaltene Bar mit einem Hahn als Markenzeichen. Bekannt für gute Cocktails und Longdrinks.

Elephant Beach Bar ➡ J9
Östlich von Pefkohóri am Strand
In der trendigen Beach Bar kann man bis nachts um 2 Uhr auch draußen auf dem Strand sitzen. Zum Ethno-Stil passen die guten tropischen Cocktails.

Posídi ➡ J8
Der nach dem antiken Meeresgott Poseidon benannte Küstenweiler gehörte früher als kleiner Fischerhafen zum nahen Binnendorf Kalándra. Im Süden des viele Kilometer langen **Sandstrandes** ist inzwischen ein Örtchen mit Hotels und Tavernen entstanden, nördlich davon stehen jenseits eines Leuchtturms größere Strandhotels.

To Stéki tou Vassilá ➡ J8
Am Südende des Strandes Posídi
✆ 23 74 04 32 06

Gepflegte, kleine Fischtaverne mit sehr freundlichem Wirt, dessen Vater selbst noch als Fischer tätig ist. Idyllische Lage direkt am Wasser mit Blick auf die Pílion-Halbinsel gegenüber. Oliven und Olivenöl stammen aus eigenem Anbau. €€

Sáni ➡ H7

Sáni ist kein Dorf, sondern der Name eines weitläufigen **Ferienresorts**, mit dessen Entwicklung in den 1960er Jahren überhaupt erst die touristische Erschließung der Kassándra-Halbinsel begann. Sümpfe mussten trockengelegt, Straßen gebaut werden. Viel Material wurde per Schiff angelandet, denn eine Brücke über den Kanal von Néa Potidéa gab es noch nicht. 1969 waren die ersten 215 Bungalows fertig. Im Laufe der Jahrzehnte kamen immer mehr Einheiten hinzu, vom Großhotel bis zu luxuriösen Villen und einer eigenen mondänen Marina.

Ein unendlich scheinender **Strand** zieht sich vor rötlich schimmernder, niedriger Steilküste und grünem Hinterland bis nach Néa Potidéa hinauf, im Binnenland umrahmen sanft gewellte Hügel mit Getreide- und Baumwollfeldern sowie Pinienwälder das zu Fuß frei zugängliche Areal.

Ausgrabungen ➡ J7

4 km nördlich vom Sáni Beach Hotel, Sáni

1996 wurden nahe dem Meer Überreste eines römischen Gutshofes aus dem 2. Jh. und eines Friedhofs aus dem 4. bis 6. Jh. freigelegt. Zu Fuß kann man am Strand entlang hingehen. Mit dem Fahrzeug biegt man auf Höhe des Sáni Village auf einen Feldweg ein und folgt ihm immer in Meeresnähe. Das Gelände ist eingezäunt, aber gut einsehbar.

Wehrturm Stavronikíta ➡ H7

Vor dem Hotel Sáni Beach, Sáni

Auf dem Gelände des Sáni-Resorts erhebt sich vor dem großen Hotelbau des Sáni Beach auf einem grünen Hügel der Pirgos tou Stavronikíta, ein 8 m hoher Wehrturm aus dem 14./15. Jh. Er gehörte zum gleichnamigen Áthos-Kloster, das hier bis 1924 ausgedehnte Ländereien besaß.

Sivíri ➡ J7

Noch vor 35 Jahren war Sivíri kaum mehr als der Hafen für die Fischer des Binnendorfs Kassándria. Dann avancierte er zum vor allem bei Griechen aus Thessaloníki beliebten **Ferienort** zu beiden Seiten eines im Sommer

Ein Platz an der Sonne im Resort Sáni auf der Kassándra-Halbinsel: der Ort wurde 1962 eigens für die Touristik erschaffen

ausgetrockneten Bachbetts. Bedeutung erlangt er durch seine moderne Freilichtbühne, Hauptschauplatz des allsommerlichen **Kassándra-Festivals**.

Ausgrabungen am Kipsá Beach ➡ J7
3 km nördlich von Sivíri
Frei zugänglich
Direkt am Strand gleich neben der Hotelanlage »Simándro Beach« legten Archäologen zu Beginn unseres Jahrtausends auf einem Areal von der Größe eines Fußballfelds die Überreste einer antiken Hafensiedlung frei. Sie sind inzwischen wieder stark überwuchert. In der Bachmündung zwischen Ausgrabungen und Hotel tummeln sich bei Sonnenschein viele kleine Sumpfschildkröten. Wirft man ihnen etwas Brot hin, geraten sie in Bewegung.

Kassándra-Festival ➡ J8
Amphitheater, Sivíri
www.kassandrafestival.gr
Im Freilufttheater finden alljährlich im Juli und August etwa 16 Konzerte, Ballett- und Theateraufführungen statt. Internationale Stars wie Joan Baez und Jan Gabarek waren ebenso zu Gast wie berühmte griechische Sänger, unter ihnen Nana Mouskouri und Giórgos Daláras. Karten werden in einem Supermarkt in Sivíri und an der Abendkasse verkauft.

Skála Foúrkas ➡ J8

Der Hafenort des Binnendorfs Foúrkas wird von kleinen Apartmentanlagen und einem sommerlichen Rummelplatz mit Karussells geprägt. Lohnenswert ist von hier aus bei genügend Zeit ein Abstecher in die kleinen Binnendörfer **Foúrkas** (30 Min. Gehzeit) mit einer schönen Dorfkirche aus dem 19. Jahrhundert und nach **Kassandrinó** (weitere 40 Min. Gehzeit) mit guten Grilltavernen.

Gozo Dine & Dance ➡ J8
An der Platía, Skála Foúrkas
Nur im Hochsommer geöffnet
Bis Mitternacht kann man in dem ehemaligen Lagerhaus am Meer, jetzt modern gestylt, direkt an der Ägäis dinieren. Danach wird das Lokal bis in die frühen Morgenstunden zum trendigen Club.

Pottery ➡ J8
20 m von der Platía (ausgeschildert), Skála Foúrkas
In seinem Verkaufsatelier bietet einer der wenigen Töpfer der Chalkidikí, Manólis Karagoúnis, seine Arbeiten an.

Sivíri war früher nur eine Anlegestelle für die Fischer aus den Binnendörfern

Der einzige Ort der Sithonía mit städtischem Charakter: Néos Mármaras

Sithonía-Halbinsel

Der mittlere Finger der Chalkidikí ist weitaus **wilder und dünner besiedelt** als die Kassándra. Der höchste Berg wird hier stolze 817 Meter hoch. Ackerbau ist nur im Norden und in der großen Küstenebene von Sikiá möglich, Rebstöcke wurden vor allem bei Néos Mármaras in großer Zahl gepflanzt. Durchs Bergland streifen **große Schaf- und Ziegenherden**, deren Pferche zum typischen Landschaftsbild gehören. Lange Sandstrände gibt es auch hier, dazu aber auch viele kleine Strandbuchten und Badeplätze mit gut gestylten **Beach Bars** tief unterhalb der Küstenstraße.

Kalamítsi ➡ J12

Der kleine Weiler im äußersten Süden der Ostküste ist eine Domäne des **Campingurlaubs**. Für Rundreisende lohnt zumindest eine Badepause direkt am Ortsstrand. Ihm ist eine kleine Felsinsel vorgelagert, zu der man hinüberschwimmen kann; unmittelbar südlich beginnt eine hohe Steilküste, die einen reizvollen optischen Rahmen schafft.

Dolphin Diving ➡ J12
Auf dem Campingplatz Porto am nördlichen Ortsrand nahe dem Meer, Kalamítsi
✆ 23 75 04 15 65
www.kalamitsi.com
April–Okt.
Deutschsprachige Tauchschule, erfahrene Taucher können auch einzelne Tauchgänge buchen. Inhaber Vasílis Párgas ist im Ruhrgebiet aufgewachsen.

Néos Mármaras ➡ H10

Das in den 1920er und 1930er Jahren durch griechische Flüchtlinge neu gegründete Städtchen ist heute der modernste und größte Badeort der Sithonía – vor allem dank des **Resorts Pórto Carrás** mit mehreren Großhotels, Spielkasino und eigener Marina. Das Städtchen selbst zieht sich um mehrere kleine Buchten herum, die niedrigen Hänge dahinter hinauf und wirkt äußerst mediterran.

Zur heiteren Atmosphäre tragen auch die Ausflugsboote im Hafen und die Fischtavernen in einer kleinen Nebenbucht bei, deren Tische und Stühle auf dem Strand stehen. So kann man sich in der ersten Reihe sogar die Füße vom Wasser umspülen lassen.

Metochí Monís Agíou Gregoríou ➡ H10

An der Straße, die südlich am Ort entlang vom Strand zur Sithonía-Rundstraße führt, Néos Mármaras
Eintritt frei
Der einzige historische Bau im ganzen Städtchen ist ein kleines Kloster, das als Landgut zum Áthos-Kloster Ágios Grigórios gehört. Es wird nur noch zeitweise von Mönchen bewohnt. Die Klosterkirche stammt aus dem Jahr 1865, der im Stil der Áthos-Klöster gehaltene Zellentrakt mit seinen umlaufenden Holzbalkonen aus dem Jahr 1905.

Chrístos Fish ➡ H10

An der zentralen Hafenbucht
Néos Mármaras
✆ 23 75 07 12 11
Die Terrasse des noch recht urigen Fischrestaurants liegt direkt am Wasser, reicht im Sommer sogar aufs Wasser hinaus. Verarbeitet werden überwiegend regionale Fänge; vormittags sitzen auch manchmal Fischer auf der Terrasse und flicken ihre Netze. €

Ta Kýmata ➡ H10

An der kleinen Bucht im Norden des Hafenbeckens
Néos Mármaras
✆ 23 75 07 13 71
Eine der Fischtavernen mit Tischen und Stühlen direkt auf dem Strand. Wirt Thomás spricht gut Deutsch. €

Spielkasino ➡ J10

Porto Carras Resort
Néos Mármaras
✆ 23 75 07 70 00
www.portocarras.com
Elegantes Kasino mit 425 Slot Machines und 35 Spieltischen für Carribean Slot Poker, American Roulette und Blackjack.

In einer Beach Bar bei Pórto Carrás

Die Küste der Beach Bars

Die Ostküste der Sithonía-Halbinsel ist über weite Strecken wild und unzugänglich. Die Sithonía-Rundstraße verläuft denn auch zwischen Sárti und Vourvouroú hoch über dem Meer. Aber immer wieder führen zumeist unbefestigte, doch durchaus für Pkw befahrbare Straßen an kleine, zwischen den Steilufern gelegene Strände hinunter, hinter denen sich große Campingplätze ausdehnen. Viele Festlandgriechen aus dem Norden haben hier ihre Wohnwagen stationiert.

Im Sommer etwa zwischen Juni und Mitte September öffnen an einigen Stränden Beach Bars, die sich an originellem Styling und Dekor stets zu überbieten suchen. Manche der Besucher kommen mit dem eigenen Speedboot von See her, andere lenken ihre schicken Sportwagen über die Pisten hinab.

Die junge städtische Szene von Thessaloníki gibt sich hier ein Stelldichein. Musik und Getränke sind international, die Preise recht gepfeffert. Dafür kann man aber auch den ganzen Tag und im Hochsommer sogar die ganze Nacht hier verbringen, sieht und wird gesehen. Die Namen der Beach Bars wechseln ebenso häufig wie die Pächter: Zuletzt waren außer der traditionsreichen **Goa Beach Bar** die **Manasú**, die **Banána**, die **Pórto Paraíso Beach Bar** und das **AfriCafé** en vogue.

Der Resort Pórto Carrás verfügt über den größten Yachthafen Nordgriechenlands

Domaine Carras ➡ J10
An der Sithonía-Rundstraße (km 60) Richtung Toróni, kurz hinter der Zufahrt zum Resort Pórto Carrás
www.portocarras.com
Die Kellerei, deren Weine alle aus unmittelbar in der Umgebung wachsenden Trauben gekeltert sind, genießt einen ausgezeichneten Ruf. Leider kann man sie nicht besichtigen, aber dafür im Besucherzentrum die Weine verkosten und kaufen.

Wochenmarkt ➡ H10
An jedem Do werden direkt am Hafen neben Obst und Gemüse vor allem Textilien, Schuhe und allerlei Waren aus Fernost verkauft.

Porto Carras Grand Resort Golf Club ➡ J10
Porto Carras Resort
Néos Mármaras
✆ 23 75 07 73 00
www.portocarras.com
Ein 18-Loch-Platz ist bereits da, ein zweiter in Planung. Die Sithonía soll zur Golf-Destination werden.

Néos Mármaras–Pórto Carrás ➡ H/J10
Zwischen Néos Mármaras und dem Resort Pórto Carrás pendeln im Sommerhalbjahr alle 30 bis 60 Minuten Boote.

Ausflugsziel:

Parthenónas ➡ H10
5 km außerhalb, Abzweigung von der Sithonía-Rundstraße nördlich von Néos Mármaras ausgeschildert
Das Bergdorf in 350 m Höhe hat im vergangenen Jahrzehnt eine Wiedergeburt erlebt. Nach der Gründung von Néos Mármaras hatte es sich in den 1920er Jahren zunächst entvölkert, 1970 wanderten seine letzten Bewohner ab. 1977 kehrte eine erste Familie zurück und gründete eine Taverne. Heute sind viele Häuser instand gesetzt, es gibt eine weitere Taverne und sogar eine kleine Pension.

Durch seinen langen Dornröschenschlaf konnte das Dorf sein historisches Antlitz und Flair weit-

Der Antike nachempfundene Theatermasken als Souvenir

gehend bewahren. Schön ist der Blick hinunter auf Néos Mármaras. Wer mag, kann in etwa zwei Stunden hinunterwandern; der gut ausgeschilderte Weg beginnt neben der Taverne Parthenónas am oberen Ende der Dorfstraße.

To Stéki tou Méniou ➡ H10
Am Dorfplatz
Parthenónas
Die sehr gut Deutsch sprechende Wirtin Maria und ihr Bruder Dimítri servieren in ihrer Taverne auch Ausgefallenes wie Yoghurt mit Maulbeersauce oder Wachteln, allerlei in Sirup eingelegtes Obst und selbst angesetzte Liköre, darunter auch Lorbeer- und Maulbeerlikör. €–€€

Metamórfosi ➡ G9

Der Ort, dessen Name auf Deutsch »Christi Verklärung« bedeutet, zieht sich von der Sithonía-Rundstraße bis zur Steilküste, auf deren Plateau ein schöner, kleiner Park angelegt worden ist. Ein zunächst schmaler Strand beginnt im Dorfzentrum und zieht sich wie ein breites Band bis zum inneren Golfende. Im Hochsommer herrscht in Metamórfosi viel junges Leben: Nördlich des Zentrums liegt in schönem Kiefernwald ein großes Kinderferienlager.

Kloster Ioánnis Pródromos
➡ G9
Zufahrt gegenüber der Einmündung der Dorfstraße auf die Sithonía-Rundstraße, dann noch 2 km (ausgeschildert)
Metamórfosi
Die Nonnen in diesem modernen Konvent sind überwiegend in der Landwirtschaft tätig. Wenn sie Zeit haben, bewirten sie Besucher gern mit einem griechischen Kaffee, einem Glas Wasser und einer Süßigkeit. Die Klosterkirche wurde in den 1990er Jahren vollständig im traditionellen byzantinischen Stil ausgemalt.

Nikíti ➡ G10

Nikíti ist wie so viele Orte auf der Chalkidikí deutlich zweigeteilt. Zwischen Sithonía-Rundstraße und Meer liegt der neue Teil, der in den 1930er Jahren entstanden ist und auf den sich heute die meisten Geschäfte, Tavernen und kleinen Pensionen konzentrieren. Das Ufer wird von einem langen, schmalen **Strand** gesäumt, an den sich im Norden die Marina, ein neuer Hafen für Fischerboote und Jachten, anschließt.

Auf der Binnenseite der Sithonía-Rundstraße erstreckt sich das alte Dorf mit größtenteils schön restaurierten **Häusern aus dem 19. Jahrhundert** bis an den Rand niedriger Hügel. Dort wartet am oberen Rand auch ein kleiner, lauschiger Platz mit einer netten Cocktailbar und einer guten Taverne unter schattigen Bäumen auf Gäste. Um Nikíti herum stehen zahlreiche neue Hotels, die mit ihrer Nähe zum Strand werben.

Frühchristliche Basiliken
➡ G10

Am südlichen Ortsrand von Nikíti, brauner Wegweiser dorthin mit der Aufschrift »Vassiliki Sofroníou, Vassiliki Ágios Geórgios« an der Sithonía-Rundstraße auf Höhe des Supermarkts Masoútis
Frei zugänglich
Als das Christentum am Ende des 4. Jh. zur Staatsreligion erhoben wurde, begann man überall in Griechenland mit dem Bau großer Kirchen in basilikalem Stil. Die meisten von ihnen wurden im 7./8. Jh. zerstört, als die nordafrikanischen Sarazenen die Küsten des Landes verwüsteten, oder fielen in dieser Zeit kräftigen Erdbeben zum Opfer. Solches widerfuhr auch den beiden **Basiliken Sofroníou** und **Ágios Geórgios** beim spätantiken Nikíti. Über der Georgsbasilika wurde im späteren Mittelalter eine kleine Kapelle errichtet. Um sie herum erkennt man noch hüfthohe Mauerreste, Dachziegel sind zu Haufen aufgeschichtet. Knapp 4 m südlich der heutigen Kapelle sind zwei frühchristliche Gräber mit dazugehörigen Verschlusssteinen zu sehen. Auf der anderen Seite des Feldwegs umgibt ein Zaun die Überreste der Sofrónios-Basilika, deren Fundamente noch den Grundriss des Kirchenbaus erkennen lassen. Von ihrer einstigen Schönheit zeugen heute nur noch ein paar im Gelände liegende Säulen.

Kapelle Ágios Pávlos ➡ H10
1,8 km abseits der Sithonía-Rundstraße von Nikíti Richtung Néos Mármaris, Wegweiser mit der Aufschrift »Ágios Pávlos/Livadia« auf eine kleine, asphaltierte Nebenstraße bei km 45
Frei zugänglich
Die leider immer mehr von Villenneubauten umringte, einst in völliger Waldeinsamkeit gelegene Kapelle wurde Ende des 19. Jh. neben einem Brunnen aus dem Jahr 1713 erbaut. Eine örtliche Legende erzählt, Wasser entspringe aus dem Fels, seit der Apostel Paulus vor knapp 2000 Jahren hier auf seiner Missionsreise durch Griechenland durstig wurde. Das schattige Areal mit Tischen und Bänken unter Bäumen vor der Kapelle ist eigentlich fürs Kirch-

Am Strand von Nikíti auf der landschaftlich sehr reizvollen Halbinsel Sithonía

Etwas für Individualisten: der zerklüftete Ahláda-Strand nördlich von Sárti

weihfest gedacht, eignet sich aber auch sonst gut als idyllischer Picknickplatz.

Kirche Ágios Nikítas ➡ G10
Am obersten Dorfrand von Nikíti, 1,6 km von der Sithonía-Rundstraße
Meist verschlossen
Die nach dem Schutzheiligen des Ortes benannte Hauptkirche des Dorfes stammt aus dem Jahr 1867. Von ihr aus überblickt man weite Teile des alten Nikíti. Interessanter als dieses Gotteshaus ist die unmittelbar benachbarte kleine **Friedhofskapelle**, an deren Außenwand einige Fresken aus dem 16. Jh. gerade noch zu erkennen sind. Dargestellt sind u. a. das »Gastmahl des Abraham« und die »heilige Maria von Ägypten«.

Strände zwischen Nikíti und Néos Mármaras ➡ G/H10
Zwischen den beiden Orten liegen unterhalb der Sithonía-Rundstraße zahlreiche unterschiedliche Strände, die man meist schon von der Straße aus sieht. Einige grenzen an Campingplätze, andere an Küstenwäldchen oder direkt an niedrige Steilufer. **Ágios Ioánnis Beach**, **Kochýli Beach**, **Paránga Beach**, **Elía Beach** oder **Lagomándra Beach**, um nur einige Namen zu nennen; schicke Beach Bars finden sich an mehreren dieser Strände.

Squirrel ➡ G9
Im Hotel Danai Beach Resort, 4 km nördlich von Nikíti abseits der Sithonía-Rundstraße
✆ 23 75 02 04 00
www.dbr.gr
Hier diniert man unterm Sternenhimmel in einem der renommiertesten Restaurants von ganz Griechenland. Chefkoch Hervé Pronzato wird regelmäßig mit dem »Goldenen Löffel« ausgezeichnet, der höchsten Ehre für die Küchenchefs des Landes. Das Mittelmeer und Frankreichs Nouvelle Cuisine bestimmen die Grundausrichtung seiner Küche. €€€

Marína ➡ G10
An der Uferstraße am südlichen Rand der Marina, Nikíti

✆ 23 75 02 21 23
www.halkidiki.com/marina
Wirt Thomás und seine von der Isle of Wight stammende Frau Julie haben sich in Deutschland kennengelernt, wo Thomás eine Lehre als Koch absolvierte. Aus dieser Zeit hat er seine Vorliebe für raffinierte Saucen und Marinaden, fantasievolle Kartoffelvariationen und Salate mitgebracht. Eins seiner Hobbys als Koch ist das Räuchern von Fleisch und Fisch. In Kürze übernimmt sein ebenso leidenschaftlich gern kochender Sohn das Lokal, der den Prinzipien seines Vaters treu bleiben will. €€

Pirat ➡ H10
An der Küstenstraße zwischen Nikíti und Néos Mármaras nahe km 48
Die Taverne liegt einsam inmitten von Grün fast direkt am Meer, der Blick von der Terrasse reicht zur Kassándra-Halbinsel. Wirt George wirkt wie eine Mischung aus Pope und Pirat, ist dabei aber sehr freundlich. Außer vielen Kleinigkeiten und frischem Fisch gibt es hier auch im Sommer warme Suppen. €

Vertigo ➡ G10
Im südlichen Bereich der Uferstraße, 700 m vom Hafenkiosk entfernt, Nikíti
Tagsüber ein Beach Café, abends der Treffpunkt jüngerer Leute. Mit aktueller Musik und einem kommunikationsfördernden langen Tresen.

Sárti ➡ J12

Das einzige größere Dorf direkt an der Ostküste der Sithonía besitzt einen außergewöhnlich **langen und breiten Sandstrand**, von dem aus man direkt auf den gegenüberliegenden Berg Áthos blickt. Mit Booten oder zu Fuß sind kleinere Sandstrände in der Umgebung zu erreichen. Zum Freizeitangebot gehören auch geführte Wanderungen und Maultierritte.

An der Uferpromenade reihen sich **Tavernen und Cafés** aneinander, dahinter zeugen zumeist niedrige Häuser an einem rechtwinklig angelegten Straßennetz davon, dass das blütenreiche Sárti eine Neugründung griechischer Flüchtlinge aus Kleinasien

Reiterin vor der Kulisse von Néos Mármaras

In einem der zahlreichen Cafés von Sárti an der Ostküste der Sithonía

aus den 1920er und 1930er Jahren ist. Trotz vieler Urlauber haben die Bewohner Sartis ihren alten Lebensstil beibehalten. Man sitzt gern vor der eigenen Haustür – oder der von Bekannten – auf der Straße, beobachtet das bunte Treiben und unterhält sich lebhaft. Die **Platía** des Dorfes ist die schönste der Sithonía, das Preisniveau der Restaurants ist ungewöhnlich niedrig.

Alexander the Great ➜ J12
An der Uferpromenade
Sárti
✆ 23 75 09 42 79
Alteingessenes Restaurant mit großer Auswahl. Besonders spezialisiert hat man sich hier auf Muscheln, die auch als Muschelrisotto angeboten werden. €€

Vorinákis ➜ J12
An der Platía von Sárti
In der schlichten, alteingesessenen Taverne am Dorfplatz, wo überwiegend gegrillt wird, erklingt jeden Montag- und Freitagabend griechische Livemusik. €

To peponáki ke to karpuzáki
➜ J12
An der Dorfstraße gegenüber vom Kiosk an der Linienbushaltestelle, Sárti
Die Kneipe ist so lustig wie ihr Name, der übersetzt »Das Wasser- und das Honigmelönchen« bedeutet. Zu übersehen ist sie nicht, denn ihr Mobiliar ist das bunteste der Chalkidikí. Hier treffen sich Einheimische und Besucher das ganze Jahr über, um entspannt Musik vor allem der 1960er bis 1980er Jahre zu hören, miteinander zu reden und gute, preiswerte Drinks zu genießen. Hier bekommt man auch aktuelle Tipps, wo man nach Mitternacht noch tanzen kann.

Plethóra ➜ J12
An der Gasse vom Dorfplatz zum Strand, Sárti
Neben Silber- und Goldschmuck in allen Preislagen gibt es hier auch eine kleine Auswahl von Werken renommierter griechischer Schmuckdesigner.

Sárti Aquaspeed ➜ J12
Im zentralen Strandabschnitt
Sárti
✆ 69 42 84 60 31
www.aquaspeed.gr
Hier kann man fast alles leihen, was sich der Wassersportler wünscht, darunter Surf- und Flyboards, SUPs, Kanus, Jetskis, Motorboote (führerscheinfrei) und Tretboote.

Ausflugsziel:

Wochenmarkt ➜ J11
Im 9 km südlich von Sárti gelegenen, über 2000 Einwohner zählenden Binnendorf **Sikiá** findet an jedem Sa vormittags ein großer Wochenmarkt statt.

4 Toróni ➜ J11

Der **Sandstrand** von Toróni ist einer der längsten und hellsten der Sithonía-Halbinsel. In lockerer Bebauung wird er von einigen wenigen Wohnhäusern und ein paar mehr Pensionen und Tavernen gesäumt. Ganz im Süden endet der Strand vor der winzigen Halbinsel **Lekíthos** mit deutlichen Spuren der langen Geschichte Torónis. Am nördlichen Ortsrand von Toróni ist der landschaftlich sehr schöne Sandstrand **Éma Beach** bei Schnorchlern besonders beliebt.

Halbinsel Lekíthos und Vígla-Hügel ➡ J/K11

Am südlichen Strandende, Toróni
Frei zugänglich
Die antike Siedlung Toróni wurde schon im 7. Jh. v. Chr. von griechischen Siedlern gegründet, die aus Chálkis auf der Insel Euböa kamen. Die Stadt wurde mehrfach zerstört, aber immer wieder aufgebaut und ging wohl erst im 15. Jh. endgültig unter. Auf der Lekíthos-Halbinsel erhob sich in der Antike ein Tempel der Göttin Athena, heute sind dort nur noch die Überreste einer mittelalterlichen Burg vorhanden.

Von einem Hafen sind im Wasser noch Reste der Kaianlagen zu erkennen. Von hier aus zogen sich im Altertum die Stadtmauern bis auf den 280 m hohen **Vígla-Hügel** hinauf. Stellenweise sind sie gut sichtbar. Über Ziegenpfade kann man hinaufwandern und vom Gipfel aus eine herrliche Aussicht genießen.

Pórto Koufós ➡ K11

2 km südlich von Toróni an der Sithonía-Rundstraße Richtung Kalamítsi
Der zweite Hafen des antiken Toróni war die Bucht von Pórto Koufós. 1600 m lang, 550 m breit und bis zu 33 m tief ist sie durch Hügel und Felsen fast völlig vom offenen Meer abgeschirmt und nur durch eine 300 m breite Öffnung mit dem Hafen von Toróni verbunden. So bot die Bucht nicht nur Schutz vor Wind und Wellen, sondern auch vor Piraten. Heute wird sie von Jachten und Fischerbooten als sicherer Liegeplatz genutzt. Griechen reisen von Thessaloníki aus an, um hier in den Ufertavernen frischen Fisch zu essen.

Schildkröten ➡ J11

Neben Café-Restaurant Ángelos, an der Uferstraße im Dorfzentrum, Toróni
Neben dem Restaurant mündet ein kleiner Bach ins Meer, in dem Dutzende von Sumpfschildkröten leben. Bei Sonnenschein sitzen sie am Ufer und auf Steinen im Wasser; scheint die Sonne nicht, kann man sie mit Brotstückchen an die Oberfläche locken. Die Bachmündung ist leider nicht immer ganz sauber, ihre Reinigung obliegt allein Wind und Wellen.

Der romantische Strand von Toróni bei Sonnenuntergang

El Capitan ➡ J11
An der Hauptstraße zwischen Tristínika und Toróni, ca. 2 km vor Toróni
✆ 23 75 05 12 46
Wirt Tássos war einmal ein Fahrensmann. Jetzt ist er Wirt, Zimmervermieter und Gemischtwarenhändler. Sein altertümliches *pantopoleíon* (Laden für alles) ist allein schon einen Blick wert. Auf der Terrasse seiner Taverne serviert er von Mama gekochte ländlich-regionale Gerichte und vor allem sehr gut zubereitete Muscheln. Seine russische Partnerin Svetlana bringt manchmal einen exotischen Küchentouch ein – und kann Gäste abends als studierte Konzertpianistin und Chorleiterin auch musikalisch unterhalten, wenn sie in der richtigen Stimmung ist. €

Panórama ➡ J11
An der Sithonía-Rundstraße zwischen Pórto Koufós und Kalamítsi
✆ 69 72 24 91 86
Die Taverne mit einzigartigem Panoramablick auf Kalamítsi, den wilden Süden der Sithonía mit ihren Steilküsten und den heiligen Berg Áthos gegenüber gehört einer Hirtenfamilie. Olivenöl, Hühner, Ziegen- und Lammfleisch stammen aus eigener Produktion, Gemüse und Fisch werden in der Region eingekauft. Mutter Andróniki steht in der Küche und bereitet echte Hausmannskost zu, Tochter María ist für die Salate zuständig. Vater Jórgos ist meist bei den Tieren, Sohn Dímitri sorgt für herzlichen Service, bei dem ihm seine Schwester Georgía hilft, wenn sie nicht gerade malt. Um die Außendekoration der Taverne kümmern sich alle gemeinsam, der Ankauf weiterer griechischer Götterstatuen für Dach und Terrasse ist geplant. €

Ethnik Beach Bar ➡ J11
Am Strand von Tristínika, in Tristínika ausgeschildert
Auf einer niedrigen Düne am Meer entspannt die griechische Szene jeden Sommer in Hängematten und auf allerlei buntem Gestühl unter ebensolchen Glühbirnen bei chilliger oder auch fetziger Musik rund um die Uhr. Man trinkt bevorzugt Carib-Beer von der Karibikinsel Trinidad oder

Strand auf der Sithonía-Halbinsel mit dem Berg Áthos im Hintergrund

gönnt sich guten Wein, bestellt kleine Souvláki-Spieße oder einen Joghurt mit Honig, nutzt kostenlos Liegen und Sonnenschirme am Strand und badet, wann immer man Lust hat.

5 Vourvouroú ➡ H10

Die Streusiedlung zieht sich an einer weit geschwungenen Bucht entlang, der die unbewohnte Insel Diáporos vorgelagert ist. Im Osten von einer Halbinsel des Singitischen Golfs abgeschlossen präsentiert sich der meist nur zwei bis fünf Meter breite, aber **kilometerlange Strand** des Ortes fast wie ein Binnensee in den Bergen.

Es gibt nur einige wenige kleine Hotels, dafür aber eine große Villensiedlung von Angehörigen der Universität von Thessaloníki und zahlreiche griechische Ferienhäuser. Gastronomisch gesehen ist Vourvouroú wohl die **Pizza-Hauptstadt** der Chalkidikí: Nirgends sonst gibt es pro Urlauberkopf so viele (gute) Pizzerien wie hier.

Karídi Beach ➡ H10
Vourvouroú
Bizarr erodierte Felsplatten, ein Kiefernwald auf niedriger Steilküste, ein geschwungener Sandstrand und in vielen Blau- und Türkistönen schimmerndes Wasser sind die Merkmale, die den kleinen Karídi Beach zu einem der schönsten Strände der Chalkidikí machen. Man fühlt sich hier an Mittelmeer, Ostsee und Karibik zugleich erinnert. Keine Strandtaverne und keine Liegestuhlvermietung stören das Idyll.

Koutáli ➡ H10
Am Strand des Hotels Ekiés All Senses, Vourvouroú
✆ 23 75 09 10 00
Feine mediterrane Küche, raffiniert zubereitete griechische Traditionsgerichte und frischen Fisch

bietet das elegante, am Wasser gelegene Spitzenrestaurant. €€€

Paris ➡ H10
Am Ufer des Hauptstrandes auf Höhe des Hotels Diónysos Vourvouroú
✆ 23 75 09 13 12
Wer früh kommt, sitzt in der ersten Reihe direkt am Wasser und erlebt oft einen schönen Sonnenuntergang. Der Service ist gut, das Essen eher durchschnittlich. €€

Vourvourou Circuit-Rent ➡ H10
Am nördlichen Dorfrand direkt am Strand, Vourvouroú
✆ 69 44 91 51 76
www.circuitrent.com
In der windgeschützten Bucht von Vourvouroú können sich auch Unerfahrene problemlos ohne Bootsführerschein ein Motorboot mieten und damit zu den Stränden auf der Insel Diáporos hinüberfahren.

Surf Vourvourou ➡ H10
Am nördlichen Rand des Karídi Beach, Vourvouroú
✆ 69 09 82 10 98
www.surfvourvourou.com
Stéfanos, Kóstas und ihr Team bieten für Wassersportler nahezu Rundum-Betreuung. Sie verleihen nicht nur die Ausrüstung, sondern offerieren auch Kurse für Anfänger und Fortgeschrittene. Man kann mit ihnen schorcheln und wellenreiten, Kajak fahren, segeln und mehr. Auch an Land sind sie mit Fahrrad- und E-Bike-Touren aktiv.

Binnenland der Chalkidikí

Was bei einer Fahrt über die Handfläche der dreifingrigen Chalkidikí am meisten überrascht, sind ihr Waldreichtum, die ausgedehnten Getreidefelder und die ständig wechselnden Ausblicke auf Küste und Meer. Die **traditionellen Dörfer** sind völlig untouristisch, in urigen Waldtavernen wird auch Wildschwein serviert. Mit **Ólinthos** und **Stagirá** liegen die bedeutendsten archäologischen Stätten der Chalkidikí abseits der Finger, in der Bezirkshauptstadt **Polígiros** geht das Leben seinen ganz und gar griechischen Gang.

Arnéa ➡ E9

Einer der **ältesten Orte der Chalkidikí** liegt auf fast 600 Metern Höhe inmitten grüner Hügel. Viele Häuser stammen noch aus dem 19. und frühen 20. Jahrhundert, ca. 30 **historische Brunnen** zeugen von vergangenen Zeiten. Bis vor etwa 40 Jahren lebten in Arnéa viele Familien von der Herstellung traditioneller Schafwollteppiche, der sogenannten Flokatis. Heute ist die **Imkerei** die wichtigste landwirtschaftliche Erwerbsqelle.

Die große Durchgangsstraße verbindet die beiden Hauptplätze der Stadt miteinander. Um die obere Platía herum stehen besonders viele **stattliche alte Häuser**, hier fließt das Wasser eines Brunnens unmittelbar aus dem Stamm einer Platane. Nahe der unteren Platía, auch *chorostási* genannt, stehen die schon 1871 erbaute, heute als **Rathaus** dienende Schule und der markante **Uhrturm** von 1889. Die benachbarte Kirche ist ein Bau aus dem 20. Jahrhundert. Ihr Boden besteht teilweise aus begehbarem Panzerglas, unter dem man die Grundmauern eines Vorgängerbaus aus dem 10. Jahrhundert erkennt.

🏛 Volkskundliches Museum ➡ E9

Kentrikí Platía, Arnéa
Das kleine Museum ist in einem der stattlichsten und ältesten Herrenhäuser des Ortes untergebracht, einem sogenannten *archontikó* aus dem 18. Jh. Noch bis ins 20. Jh. hinein hat hier die Familie eines wohlhabenden

Arbeit am Bienenstock

Handgewebte Schafwollteppiche aus Arnéa im Hinterland der Chalkidikí

Pferdehändlers gewohnt. Im Erdgeschoss werden traditionelle Werkzeuge und Gerätschaften von Handwerkern, Bauern und Imkern sowie alte Musikinstrumente aufbewahrt. Ein Webstuhl und historische Webarbeiten sowie Haus- und Küchengeräte sind im Obergeschoss zu besichtigen. Der Stolz des Museums ist eine über 200 Jahre alte Feuerlöschspritze.

Imker-Kooperative ➡ E9

Am unteren Rand der Platía, Arnéa

Viele Imker von Arnéa sind Mitglieder in einer Kooperative, die einen Laden am unteren Rand der Platía betreibt.

Wochenmarkt ➡ E9

Jeden Mi Vormittag an der Hauptstraße von Arnéa.

Kirchweihfest Agía Paraskeví ➡ E9

Festplatz am nördlichen Ortsrand an der Straße nach Stanós, Arnéa

In einem kleinen Eichenwäldchen um die Kirche Agía Paraskeví wird alljährlich am 25./26. Juli ein großes Kirchweihfest begangen, bei dem auf dem Festplatz gegrillt, gefeiert und getanzt wird.

Gerakiní ➡ G8

Das Binnendorf Gerakiní ist vor allem eine **Bergarbeitersiedlung**. Hier wird das in der hügeligen Umgebung im Tagebau gewonnene **Magnesit** aufbereitet. Wirtschaftliche Bedeutung hat Magnesit vor allem als Zusatz für Aluminiumlegierungen beispielsweise im Auto- oder Flugzeugbau.

Der heutige Badeort **Paralía Gerakinís** ist ein Ergebnis des Bergbaus. Hierher wurde noch in den ersten Jahren dieses Jahrhunderts das Mineral über Förderbänder transportiert. Vor dem Ufer lagen stets kleine Frachter, zu denen das Magnesit mit Barken gebracht wurde. Reste dieser Verschiffungsanlage stehen noch, beeinträchtigen das Badevergnügen am langen, grobkörnigen Sandstrand aber überhaupt nicht.

Oásis ➡ G8

An der Strandpromenade

Gerakiní

✆ 23 71 05 21 95

Der hervorragend Deutsch sprechende Wirt Bill Lambrídis serviert gute griechische Tavernenkost auch an Tischen, die direkt auf dem Strand stehen. €

Gut besucht: Café in Néa Moudaniá

Néa Moudaniá ➡ G7
Das erst in den 1920er Jahren neu gegründete Städtchen ist heute mit 6500 Einwohnern und einem **großen Fischereihafen** der bedeutendste Küstenort der Chalkidikí. An der langen, weitgehend Fußgängern vorbehaltenen **Uferpromenade** trifft sich die Jugend nahe der Platía Vasmatzídi in hippen Lounge-Cafés und Bars. Entlang der sich anschließenden Odós Kyprou genießt man in zahlreichen Ouzerien und Tavernen vor allem frischen Fisch und Meeresfrüchte.

Die griechisch-orthodoxe Kirche in Néa Moudaniá an der Westküste der Chalkidikí

Nahe dem nördlichen Ende der Uferpromenade liegen zwei **Museen** als einzige Sehenswürdigkeiten von Néa Moudaniá.

Fischereimuseum und Volkskundliches Museum ➡ G7
Beide Museen liegen unmittelbar nebeneinander nördlich des Hafens an der Uferstraße
Néa Moudaniá
Im fast zur Hälfte mit EU-Mitteln bezahlten, sehr modern eingerichteten Fischereimuseum werden die unterschiedlichen Bootstypen und Fischereitechniken präsentiert.

Im Volkskundlichen Museum sieht man auch historische Fotos aus Vythinía, dem Ort in Kleinasien, aus dem die Vorfahren der heutigen Bewohner stammten. Ein rekonstruiertes Haus vor dem Museum zeigt, wie die Flüchtlinge nach ihrer Ankunft in den 1920er Jahren untergebracht waren.

Santé ➡ G7
Platía Vasmatzídi
Néa Moudaniá

Die schickste Lounge-Bar am Wasser, in deren Pflanzkübeln sogar Bananenstauden gedeihen, gute Auswahl an Whiskys in allen Preisbereichen.

Wochenmarkt ➡ G7
Großer Wochenmarkt im Zentrum von Néa Moudaniá an jedem Mi Vormittag.

Olimbiáda ➡ D10

Anders als in allen übrigen Badeorten der Chalkidikí gibt es in dem nur 650 Einwohner zählenden Dorf weder ausländische Urlauber noch größere Hotels. Der lange Strand ist feinsandig, aber schmal, die Uferpromenade kurz und unprätentiös. Es herrscht außer an Sommerwochenenden **wenig Betrieb**, der Ort wirkt ruhig und heiter gelassen. Tagesbesucher kommen, um sich die Ausgrabungen des antiken **Stagirá** anzuschauen, der Stadt, in der der berühmte Philosoph Aristoteles 384 v. Chr. geboren wurde.

6 Stagirá ➡ D10
Unmittelbar südlich des Hafens, ein Eingang an der Hauptstraße auf der »Passhöhe«, ein zweiter an der Südseite der Halbinsel
Olimbiáda
Eintritt frei
Seit 1990 legen Archäologen auf der felsigen Halbinsel Liotópi die 655 v. Chr. von griechischen Siedlern von der Kykladen-Insel Ándros gegründete Stadt Stagirá frei. Besonders gut erhalten ist die etwa 2 km lange Stadtmauer mit ihren Türmen, die sich quer über die Halbinsel zieht. Dahinter sind Grundmauern von Wohnhäusern, von kultischen sowie von offiziellen Bauten zu erkennen, die Tonrohre einer Wasserleitung und eine Zisterne.

Ein Rundgang lohnt der herrlichen landschaftlichen Lage und der Ruhe wegen auch für archäologisch weniger Interessierte!

Germany/Akroyáli ➡ D10
Nahe Hafen und Kreisverkehr am Strand, Olimbiáda
✆ 23 76 05 13 62
www.chalkidiki.de
Wirt Dimítri, der sehr gut Deutsch spricht, präsentiert neben der ohnehin großen Auswahl jeden Tag eine Tageskarte; fast alle Gerichte sind vor dem Bestellen im Warmhaltetresen zu begutachten. Die Terrasse am feinen Sandstrand ist windgeschützt; Getränke und Kleinigkeiten werden auch am Liegestuhl serviert. €

7 Ólinthos ➡ G7

Das heutige große Bauerndorf mit seinen 1100 Einwohnern liegt am Rande weiter Getreidefelder und kleiner Pistazienhaine und zeigt sich vom Tourismus wenig berührt. In der unmittelbaren Umgebung gibt es mehrere Bauwerke, die von **antiker und mittelalterlicher Besiedlung** zeu-

Wehrturm bei Ólinthos

Olivenhaine und weite Getreidefelder im Binnenland der Chalkidikí

gen. Zwei Kilometer östlich von Ólinthos erstrecken sich zudem über zwei Hügel die Ruinen des antiken Stadtkerns, den amerikanische Archäologen schon seit 1928 freilegen – immerhin die bedeutendste archäologische Stätte der Chalkidikí.

Das **antike Ólinthos** wurde bereits im siebten Jahrhundert v. Chr. gegründet. 479 v. Chr. zerstörten persische Truppen die Siedlung. Während des Peloponnesischen Krieges, den Athen zwischen 431 und 404 v. Chr. mit Sparta führte, beschlossen die Küstenstädte der Chalkidikí an dieser Stelle eine neue Stadt zu gründen, die Schutz vor Angriffen durch die Athener und ihre Verbündeten bieten sollte. Die Stadt entstand zunächst auf dem Reißbrett. Man plante ein rechtwinkliges Straßennetz und teilte das gesamte Baugebiet in gleich große Parzellen auf, die die aus den Küstenstädten hierher umziehenden chalkidikischen Bürger nach eigenem Geschmack und eigenen finanziellen Verhältnissen bebauen konnten. Wer welches Grundstück erhielt, wurde ausgelost.

Eine Stadtmauer aus Lehmziegeln sollte Sicherheit bieten, Trinkwasser wurde durch Tonrohre aus einer 15 Kilometer entfernten Quelle herbeigeführt. Die Athener konnten diese Stadt nie erobern, doch der makedonische König Philipp II. zerstörte sie bereits 348 v. Chr. wieder.

Ausgrabungen der antiken Stadt ➡ G7

Zufahrt an der Nationalstraße zwischen Kassándra und Sithonía sowie im heutigen Dorf gut ausgeschildert, Ólinthos

Vom Kassenhäuschen führt eine prächtige Oleanderallee ins antike Stadtgebiet hinein, ein Pfad zweigt von der Allee zu den Ruinen der ersten Siedlung ab, die von den Persern zerstört wurde. Nur noch einige wenige Grundmauern und Zisternen sind auszumachen. Der Hauptweg steigt auf ein großes Plateau an, das die im Peloponnesischen Krieg gegründete neue Stadt trug.

Das rasterförmige Straßennetz ist deutlich zu erkennen, von den Häusern stehen die Grundmauern teilweise noch bis zu 1 m hoch.

In einigen Häusern blieb auch der prächtige Mosaikfußboden erhalten. Manche trugen nur geometrische Dekors, andere zeigten Jagdszenen.

Petrálona ➡ F6

Petrálona wäre ein völlig unbedeutendes Bauerndorf, hätten Forscher hier nicht 1960 in einer Tropfsteinhöhle den **Schädel eines Urmenschen** gefunden. 1965 untersuchte Prof. Ári Pouliano den – heute in der Universität von Thessaloníki aufbewahrten – Schädel und schätzte sein Alter auf 700 000 Jahre. Vehement kämpft er seitdem gegen Skeptiker, die dem Fund nur 200 000 Jahre zubilligen. Aber selbst damit wäre der Schädel noch doppelt so alt wie der Neandertaler.

Die Höhle ist inzwischen elektrifiziert und durch einen zementierten, etwa 30 Minuten in Anspruch nehmenden Rundweg erschlossen. Das ganze Jahr über herrscht in ihrem Inneren eine Temperatur von etwa 18 °C. An einigen Stellen sollen Gipsfiguren-Arrangements einen Eindruck davon vermitteln, wie die Urmenschen damals hausten.

Wegen Streitigkeiten zwischen der Familie des Höhlenentdeckers, dem griechischen Staat und seinen Archäologen war die Höhle über Jahre für Besucher geschlossen, wurde jedoch Anfang 2024 wieder geöffnet.

Polígiros ➡ F8

Die **Hauptstadt der Chalkidikí** (5000 Einwohner) liegt in einer Mulde am Hang des Cholomóndas-Gebirges in etwa 500 Metern Höhe. Außer einem **Archäologischen Museum** gibt es keinerlei Sehenswürdigkeiten, doch vor allem vormittags bekommt der Besucher einen guten Eindruck vom Alltag in einer griechischen Kleinstadt.

Man parkt am besten auf der **Platía Iróon** zwischen dem Gerichtsgebäude und dem Museum und bummelt von hier die teilweise als Fußgängerzone gestaltete Odós Polytechníou hinunter

Prähistorische Kultur in der Tropfsteinhöhle von Petrálona

bis zum kleinen Stadtpark auf der Platía 28is Oktovríou. Dann hat man fast alle Geschäfte und Lokale der Provinzschönheit bereits gesehen.

Archäologisches Museum

➡ F8

Platía Iróon/Odós Stadíou 1 (an der Straße nach Thessaloníki)
Polígiros

Das kleine, moderne Museum präsentiert archäologische Funde von der gesamten Chalkidikí, die durch auf Griechisch und Englisch verfasste Schrifttafeln, Rekonstruktionszeichnungen und Fotos vieler Ausgrabungsstätten ausführlich erklärt werden.

Man sieht unter anderem einen unvollendeten *Koúros* (archaische Statue eines jungen Mannes) aus dem 6. Jh. v. Chr., die nahe Olimbiáda aus dem Meer geborgen wurde, zwei bemalte Tonsarkophage aus der gleichen Zeit und schönen hellenistischen Goldschmuck von ca. 300 v. Chr., der Toten als Grabbeigabe mitgegeben wurde.

Besonders originell ist ein Keramikbecher aus der Zeit um 475 v. Chr. in Form eines Januskopfes. Antiker Alltag wird durch kleine Tonfiguren lebendig, die z. B. einen in einer Wanne badenden Mann oder einen Bäcker vor dem Backofen zeigen.

Éxi Vrísses ➡ F8

Platía 28is Oktovríou
Polígiros
✆ 23 71 02 27 25

Im Herzen des Stadtparks unter schattigen Kiefern und im großen Innenraum kann man Kaffee und Kuchen, aber auch griechische und internationale Spezialitäten genießen. €€

Taxiárchis ➡ F9

Das **Bergdorf** auf 670 Metern Höhe hat sich seinen traditionellen Charakter bewahrt. Es liegt am waldreichen Hang des 1163 Meter hohen Cholomóndas-Gebirges, das für die Bewohner Thessaloníkis ein beliebtes Naherholungsgebiet ist. Der Winter ist hier oft schneereich. An der schmalen Waldstraße zwischen Taxiárchis und Arnéa liegen mehrere Tavernen mit lauschigen Waldterrassen für den Sommer und Innenräumen mit offenem Kamin für den Winter. An einigen Stellen genießt man einen prächtigen Blick über alle drei Finger der Chalkidikí.

Schafherde in den Bergen bei Taxiárchis

Im Dioskuren-Heiligtum in Alikí auf Thássos

Insel Thássos

1204 Meter hoch steigt Thássos weithin sichtbar aus der Ägäis auf. Eine 82 Kilometer lange Straße führt rings um die Insel; das Inselinnere erschließen nur raue Jeep-Pisten und Fußwege. Die **alten Inseldörfer** liegen zumeist einige Kilometer von der Küste entfernt. Zu jedem von ihnen gehörte einst ein kleiner **Weiler** mit Fischerhütten und Lagerschuppen. Aus diesen Weilern haben sich inzwischen Badeorte entwickelt. Die Inselhauptstadt **Liménas** ist mit Relikten aus dem Altertum durchsetzt, denn der Marmor der Insel, Blei, Silber und Gold haben Thássos schon früh reich gemacht.

8 Alikí ➡ D17

Alikí ist wohl der schönste Fleck an der Südküste von Thássos. Hier erstreckt sich eine **pinienbestandene, kleine Halbinsel** ins Meer. Auf dem schmalen Isthmus, der sie mit dem »Festland« verbindet, stehen an einem winzigen Strand mit grobem Sand mehrere urige Tavernen; der Kiesstrand auf der anderen Seite der Halbinsel ist weniger stark frequentiert.

Zugleich ist Alikí die **bedeutendste archäologische Stätte** der Insel außerhalb der Hauptstadt Liménas. Vom 7. Jahrhundert v. Chr. bis weit ins Mittelalter hinein wurde hier Marmor abgebaut und direkt auf viele andere ägäische Inseln sowie nach Athen verschifft.

In der Antike verehrten die Menschen in zwei **Tempeln** am Rande der Steinbrüche die Zwillingsgötter Kastor und Pollux als Beschützer der Seeleute, im 6. Jahrhundert errichtete man unmittelbar daneben zwei frühchristliche Basiliken.

Archäologische Stätte Alikí

➡ D17

Alikí

Vom Eingang gleich hinter dem Sandstrand führt ein kurzer Weg an einem antiken Sarkophag vorbei auf die andere Seite der Halbinsel, wo die Reste des antiken Dioskuren-Heiligtums freigelegt wurden. Auf einer Terrasse befinden sich die Grundmauern von zwei zweiräumigen, weitge-

Mit Schieferschindeln bedeckt: die Kirche des Klosters Archángelou

hend baugleichen Tempeln, die beide einen Altar besaßen.

Dem einen Tempel war eine Halle mit ionischen, dem zweiten eine Halle mit dorischen Säulen vorgelagert. Im Hintergrund sieht man im Fels zwei Grotten, in denen die Archäologen zahlreiche Weihegaben an die Gottheiten fanden.

Ein Pfad führt etwas bergan zu den Grundmauern zweier frühchristlicher Kirchen, die noch in eindrucksvoller Höhe erhalten sind. Wer mag, kann von hier aus einen knapp 2 km langen Gang um die Halbinsel unternehmen. Gleich unterhalb der Basiliken streift man dabei die Marmorbrüche aus archaischer Zeit. An der Spitze der Halbinsel wurde in frühbyzantinischer Zeit Marmor gebrochen, an der Ostküste in römischer Zeit.

Beautiful Alice ➡ D17
Am Sandstrand, Alikí
✆ 25 93 03 15 74
Mai–Okt.
Schon 1967 gegründete Strandtaverne, zu deren Spezialitäten im Backofen zubereitete Gerichte und sonnengetrockneter, gegrillter Oktopus gehören. €

9 Kloster Archángelou/ Moní Archángelou ➡ D16

Einsam thront das weiße, mit Schieferschindeln gedeckte **Nonnenkloster** des Erzengels Michael seit 1974 im Süden der Insel direkt an der Inselrundstraße auf der Steilküste über der Ägäis. Bei klarer Sicht reicht der Blick von hier bis hinüber zum heiligen Berg Áthos. Touristen kommen vor allem der extrem **fotogenen Lage** wegen.

Orthodoxe Gläubige hingegen pilgern zur wundertätigen **Ikone des Erzengels** und bekreuzigen sich vor einer ganz besonderen Reliquie: dem Bruchstück eines Nagels, der ihrem Glauben nach am Kreuz durch Jesus Christus rechte Hand getrieben wurde. Außerdem nehmen sie ein wenig Wasser aus einer Quelle in einer Felsgrotte mit, das als *agiásma*, heiliges Wasser, gilt.

Um die **Quelle** rankt sich eine Legende: Schon als Thássos noch zum Osmanischen Reich gehörte, stand an dieser Stelle ein kleines Kloster neben einer Quelle. Türken, die das Kloster zerstören wollten, nahmen zur Verhöhnung der christlichen Gläubigen ein Bad in dem Quellwasser, das den Christen als sakrosankt galt. Daraufhin wurden sie vom Blitz erschlagen, während die Quelle an der Oberfläche versiegte und sich in die kleine Grotte zurückzog.

Klosterbesichtigung

➡ D16

An der Inselrundstraße zwischen Potós und Alikí
Moní Archángelou
Eintritt frei

Der Zellentrakt des Klosters und die moderne Klosterkirche sind für Besucher unzugänglich. Vom Klostertor geht man ein paar Schritte abwärts zur Erzengelskirche, einem schlichten, kuppellosen Bau, der auch das Ziel der orthodoxen Pilger ist. Im Vorraum wird der heilige Nagelsplitter verehrt, an der Bilderwand im Kirchenschiff hängt rechts die wundertätige Ikone des Erzengels Michael aus dem 17. Jh. Dankbare Gläubige haben ihr zahlreiche Votivtäfelchen, wertvollen Schmuck und Uhren geschenkt.

Nach dem Kirchenbesuch kann man sich aus einem Karton neben der Kirchentür ein *loukoúmi* nehmen, eine mit Puderzucker bestäubte Süßigkeit aus geliertem Fruchtsaft. Von der Terrasse vor der Kirche aus hat man einen prächtigen Blick, im emsigen Klosterladen stehen erbauliche Literatur, günstige gedruckte Ikonen und kleine Plastikflaschen für die Mitnahme heiligen Wassers zum Verkauf.

Limenária ➡ D15

Der Küstenort mit 2500 Einwohnern ist der größte der Insel nach der Inselhauptstadt Liménas. Der Ortsstrand verläuft unmittelbar vor der Uferstraße, an deren östlichem Ende der Hafen des Dorfes liegt.

Darüber erhebt sich auf einem niedrigen Hügel das Wahrzeichen von Limenária, ein in dieser Region sehr fremdartig anmutendes Gebäude, das die Einheimischen **Paláti** – Palast – nennen. 1903 bis 1905 erbaut – also in einer Zeit, als Thássos noch zum Osmanischen Reich gehörte – diente es bis zum Ersten Weltkrieg als Verwaltungsgebäude der deutschen Bergwerksgesellschaft Speidel/Pforzheim und als Residenz des Unternehmers. Die Firma ließ im Hinterland von Limenária Zink- und Bleierze abbauen.

Nach dem Krieg ging die Gesellschaft in griechische Hände über, 1930 stellte sie den Bergbau ein. Die gesamte technische Einrichtung musste damals zwangsversteigert werden. 1950 bis 1962 widmete sich dann eine andere Firma dem Eisenerzabbau in diesen Gefilden. Seit 1963 sind die Gebäude leider weitgehend dem Verfall überlassen worden; erst EU-Mittel sicherten in den letzten Jahren zumindest ihren Erhalt. Auf dem Paláti-Hügel und an einem Strand auf der anderen Seite der Halbinsel, dem 200 Meter langen **Plaz Metallía**, wurden die Erze aufbereitet und gelagert und dann über eine noch ruinös erhaltene Verschiffungsanlage exportiert.

Zwei Kilometer östlich von Limenária liegt der winzige **Badeort Pefkári** mit einem 200 Meter langen Sandstrand und guten Tavernen fast direkt am Wasser.

Seeigelskelett

Plaz Metallía ➡ D15/16
Wegweiser an der Inselrundstraße, gut befahrbarer Feldweg
Einer der ruhigsten Strände an der Südküste der Insel und doch nur 500 m von Limenária entfernt. Nur 28 Sonnenschirme, viel Freiraum, gute Beach Bar etwas erhöht unter schattigen Bäumen.

Diónysos ➡ D15
Östliches Ende der Uferpromenade Limenária
✆ 25 93 05 10 01
Eine der ersten Tavernen im Städtchen, gerühmt für ihre Fischsuppe und die gefüllten Zucchiniblüten. €€

Os ef paréstite ➡ D15
Am Hafen, Limenária
Konditorei, in der das Fettgebäck *loukoumádes* auch mit Eis serviert wird. Hausgemachtes *bougátsa*, eine Art Strudelteigtaschen, gefüllt mit Griespudding oder Schafskäse.

Bolero Summer Club ➡ D16
An der Inselrundstraße zwischen Limenária und Pefkári
Im Sommer große Freiluftdisco.

Rockkonzerte ➡ D16
Apothíkes/Paláti, Limenária
Im Sommer finden in einer der alten Lagerhallen der Bergwerksgesellschaft Rockkonzerte statt.

Fos Gallery ➡ D15
Meeresnah am östlichen Ortsrand, Limenária
✆ 69 48 94 82 25
Zeitgenössisches Kunstwerke aller Art und gutes Design sind die Hauptthemen dieser Galerie, die nach dem Motto »Hauptsache schön« aber auch ausgewählten Schmuck, Musik, Bücher, Zeitschriften und sogar ein paar ausgefallene Textilien anbietet.

Albatross Water Sports
➡ D16
Am Strand, Pefkári
✆ 25 93 05 32 29
www.albatross-thassos.gr
Verleih von Motor- und Speed-Booten, Kanus, Tretbooten sowie von Material rund um Windsurfing, Wakeboard, Parasailing, Wasserski und Jet-Ski, zudem regelmäßig Ausfahrten zum Schnorcheln. Auch Massagen werden angeboten.

Water Sports Dolphins
➡ D15
Im westlichen Strandbereich Limenária
✆ 69 74 19 58 31
www.watersportsdolphins.com
Alle Arten von Wassersport; Inhaber Ilías Anestídis ist professioneller Wasserskilehrer. Im Hafen von Limenária vermietet man außerdem Motorboote.

Die Inselhauptstadt von Thássos: Liménas

⑩ Liménas/Thássos ➡ B/C16

Die Hauptstadt wird wie bei vielen griechischen Inseln einfach so wie die Insel – also Thássos – genannt. Ihr besonderer Reiz liegt in der langen Uferfront vor niedrigen grünen Hügeln, ihrem pittoresken alten Hafen und ebenso in der Durchdringung der neuen Stadt mit vielen antiken Resten. Liménas liegt nämlich weitgehend innerhalb der teilweise sehr gut erhaltenen Mauern der **antiken Stadt Thássos**, die bereits um 700 v. Chr. von griechischen Kolonisten der Kykladeninsel Páros gegründet wurde.

Das Geschäfts- und Unterhaltungszentrum der heutigen Stadt konzentriert sich auf die **Uferstraße** und die parallel dazu verlaufende, Fußgängern vorbehaltene **Odós 18is Oktovríou**. Die Hotels verteilen sich über den ganzen Ort, der städtische Badestrand, nur etwa 300 Meter vom Ortszentrum entfernt, ist sandig und von kleinen Bäumen beschattet.

Der Weg dorthin führt um den alten Hafen herum, in dem jetzt Jachten, Ausflugs- und Fischerboote ankern, wo in Antike und Mittelalter Kriegsschiffe Platz fanden. Blickfang am alten Hafen, an den auch die griechische **Agorá** grenzt, ist ein großes, eindrucksvolles Gebäude aus dem 19. Jahrhundert, das einem der Áthos-Klöster gehört und heute teilweise als **Kulturzentrum** genutzt wird.

Archäologisches Museum ➡ C16

Am alten Hafen
Liménas

Gleich im Eingangsbereich des modern und informativ gestalteten Museums sieht man das wertvollste Objekt aus dem Museumsbesitz: die unvollendete, 3,5 m hohe Statue eines nackten Jünglings mit einem Widder im Arm. Die archaische Plastik aus dem 7. Jh. wurde im Apollon-Tempel der antiken Stadt gefunden.

Kouros im Archäologischen Museum in Liménas

Zu den interessantesten Ausstellungsstücken gehören außerdem ein anschauliches Modell der antiken Agorá und die anmutige Statuette der auf einem Delfin reitenden Liebesgöttin Aphrodite aus dem 3. Jh. v. Chr. Insgesamt illustrieren die gezeigten Objekte aus Thássos einen Zeitraum von über 3000 Jahren von der Jungsteinzeit bis zum frühen Mittelalter.

Antike Agorá ➡ C16

Gleich hinter dem alten Hafen
Liménas
Frei zugänglich

Der zentrale Platz der antiken Stadt, die Agorá, wirkt heute wie ein wunderschöner Landschaftspark. Zwischen den Resten von Säulenhallen und Heiligtümern wuchert das Gras, überschattet von hohen, alten Bäumen. Der Boden ist an manchen Stellen etwas sumpfig, Vögel zwitschern, Zikaden zirpen ihr ständig auf- und abschwellendes Lied.

Archäologischer Stadtrundgang durch Liménas/Thássos

Start und Ziel: Archäologisches Museum
Dauer ohne Agorá: ca. 1½–2 Stunden

Vom Archäologischen Museum sind es nur wenige Schritte am Eingang zur antiken Agorá vorbei zum alten Hafen. Ein brauner Wegweiser mit der Aufschrift »Dionysion, Poseidonion, Ancient Theater« weist den Weg. Man kommt zunächst zum **Diónysos-Heiligtum**. Seine sieben erhaltenen Stufen führten in ein Gebäude, dessen Front vier dorische Säulen zierten. In eine halbrunde Exedra wurden die Namen der Gewinner der regelmäßig zu Ehren des Gottes veranstalteten Theaterwettbewerbe eingraviert.

Die spärlichen Überreste eines **Poseidon-Tempels** liegen in einem Feld, zu dem ein Durchgang zwischen zwei Wohnhäusern schräg gegenüber vom Diónysos-Heiligtum führt.

Ebenfalls von dort aus führt eine schmale Straße weiter, die kurz darauf in einen Fußweg mit 114 Stufen übergeht. Auf ihm kommt man nach etwa fünf Minuten zum gut erhaltenen antiken **Theater** aus dem 5. Jahrhundert v. Chr. Etwa 100 Jahre später wurde es erstmals umgebaut und von den Römern dann im 2. Jahrhundert n. Chr. mittels einer Schutzmauer aus großen Steinplatten für Gladiatorenspiele tauglich gemacht.

Gleich am Theater entlang verläuft die hier gut erhaltene antike **Stadtmauer**, die einst insgesamt etwa dreieinhalb Kilometer lang war. Sie beginnt am alten Hafen und folgt dem Bergkamm bis zu seinen drei höchsten Gipfeln, auf denen weitere Kultbauten erkennbar sind: die Akropolis, ein Athena-Tempel und ein Pan-Heiligtum.

Die **Akropolis** wird jetzt durch die Mauern eines (nachts angestrahlten) Kastells markiert, das 137 Meter über dem Meeresspiegel auf den Fundamenten eines antiken Apollon-Tempels steht. Seine Mauern stammen aus byzantinischer Zeit und wurden im 14. Jahrhundert aus-

Auf Entdeckung in den antiken Ruinen von Liménas

Das antike Theater wurde von den Römern später für Gladiatorenkämpfe umfunktioniert

gebaut, als die Genueser über Thássos herrschten. Am besten erhalten ist eine Wachstube aus den Marmorblöcken des Tempels. Auch zwei Zisternen sind noch auszumachen.

Von der Akropolis leitet der Waldpfad zur Terrasse eines **Athena-Tempels** aus dem späten 5. Jahrhundert v. Chr. Großartig ist von hier der Blick hinunter auf Stadt und Meer. Der Pfad führt weiter auf den dritten, 150 Meter hohen Gipfel, wo sich im Fels ein Schrein für den Hirtengott Pan befindet. Zwei schlecht erhaltene Reliefs zeigen Ziegen, die dem Panflöte spielenden Gott folgen.

Von hier geht es nun relativ steil bergab weiter entlang der antiken Stadtmauer. In einem Mauerknick öffnet sich eines der antiken Stadttore, das nach seinem Erbauer benannte **Parmenon-Tor** aus der Zeit um 500 v. Chr. Die (hier nur noch gedachte) Mauer überquert dann die moderne Asphaltstraße nach Makrí Ámmos, kurz darauf auch die nach Panagía. Dieser Teil der Stadtmauer mit dem **Silen-Tor** und dem ehemaligen **Hauptstadttor Herakles** ist wieder besonders gut erhalten.

Auf der Asphaltstraße, die von Panagía her kommt, geht man nun in Richtung Stadt zurück. Rechter Hand liegen bald die Grundmauern eines Heiligtums für Herakles, das sogenannte **Herakleion**. Es wurde Ende des 6. Jahrhunderts v. Chr. errichtet und stand ursprünglich wohl in einem heiligen Hain. Zu sehen sind die Reste des Torbaus, eines Altars, eines gepflasterten Hofs, eines Tempels, eines lang gestreckten Versammlungsgebäudes und mehrerer Wohnräume für Priester.

Die Straße, die an der Westseite des Herakleions in nördlicher Richtung vorbeiführt (Odós Pier de Wabes), passiert nach etwa 200 Metern das antike Musiktheater der Stadt, das **Odéon**. Von dem einst überdachten Bau sind nur noch einige Sitzreihen erhalten. Die Straße an der Ostseite des Heiligtums nach Süden (Odós Iraklíous) kreuzt nach etwa 200 Metern den Verlauf der antiken Stadtmauer am in seinen Fundamenten noch eindrucksvoll erhaltenen **Stadttor des Zeus und der Hera**, das man Mitte des 5. Jahrhunderts v. Chr. aus mächtigen Quadern errichten ließ. Seine Pfeiler waren einst mit Reliefs geschmückt. Kurz nach 400 v. Chr. wurde das Tor durch eine Bastei noch einmal zusätzlich gesichert.

In der Antike sah die Agorá, die Verwaltungs- und Kulturzentrum, Marktplatz und sozialer Mittelpunkt zugleich war, berühmte Besucher, darunter den Geschichtsschreiber Herodot, den berühmten Mediziner Hippokrates und den auf Thássos gebürtigen Polygnot, der in der Antike als einer der ersten seine Wandgemälde mit perspektivischen Mitteln gestaltete.

Músses ➡ C16
Am neuen Hafen, Liménas
✆ 25 93 02 36 97
Nach Einschätzung griechischer Gourmetführer das beste Restaurant der Stadt, angesiedelt in einem alten Haus mit einem blühenden Hof. Das reichhaltige Angebot an Vorspeisen und frischem Fisch wird ergänzt durch wechselnde, stets frisch gekochte oder gebackene Tagesgerichte. Abends griechische Livemusik. €€

Sími ➡ B/C16
Am antiken Kriegshafen auf Höhe der antiken Agorá, Liménas
✆ 25 93 02 25 17
www.simithassos.gr

»Spectacular view and refreshing drinks« im Karánti in Liménas

Ganz in den griechischen Nationalfarben Weiß und Blau gehaltene Taverne, in der frischer Fisch auch als Tellergericht zu recht günstigen Preisen offeriert wird. €€

Mýthos ➡ B16
An der Uferstraße zwischen altem Hafen und Strand, Liménas
✆ 69 75 86 10 76
www.mythos-group.gr
Zwar recht touristische, aber auch gute Taverne und Pizzeria. Pizzen in drei Größen, Fischplatten ab zwei Personen in diversen Zusammenstellungen. €

Thalassinó ➡ B16
Fischermole, Keramotí (Festland)
✆ 69 81 16 20 68
In dieser großen Fischtaverne speisen Sie nur einen Steinwurf von den Fischkuttern entfernt, die hier täglich ihre Fänge anlanden. Maritimer kann die Atmosphäre nicht sein. Die Auswahl an Fischarten ist riesig, meist gehört auch Rochen dazu. Kalamares ist hier stets frisch zu erhalten. Das Preis-Leistungs-Verhältnis ist ganz ausgezeichnet, da man vor allem auf einheimische Gäste als Kundschaft baut. €

Karánti ➡ B16
Odós 18is Oktovríou, Ecke Odós K. Dimitriádi, nahe dem alten Hafen, Liménas
Das knallgelb gestrichene Haus bietet eine schöne Terrasse direkt am Meer, wo man unter Bäumen und Weinranken sitzt. Auf der Karte stehen über 200 Cocktails und Long Drinks, für Gäste ist die Nutzung von Liegestühlen und Sonnenschirmen am Strandabschnitt gleich vor der Café-Bar kostenlos.

Costis Pottery ➡ C16
Odós 18is Oktovríou, neben dem Hotel Amfípolis im Stadtzentrum Liménas
✆ 25 93 02 32 21

Abendstimmung bei den Fischkuttern im Hafen von Liménas

Kleine Verkaufsausstellung des thassischen Töpfers Kóstas Chrisogélos, der seine Werkstatt am Akrokéramon Beach am westlichen Stadtrand betreibt.

Paté Ánna ➡ C16
Odós 18is Oktovríou, im Stadtzentrum neben der großen Apotheke Liménas
Großes Angebot an kulinarischen Souvenirs von der Insel, dazu gute Auswahl an Oúzo aus Thássos, Kavála, Dráma und von der bedeutendsten Oúzo-Insel Lesbos.

Mariés und Skála Marión

➡ C16/D15

Im alten Binnendorf Mariés, elf Kilometer von der Inselrundstraße entfernt, leben nur noch etwa 180 Menschen. Doppelt so viele Bewohner zählt der dazugehörige Hafenort **Skála Marión** ➡ D15. Er zieht sich rund um eine kleine Hafenbucht, deren Ufer von zahlreichen Tavernen gesäumt wird, an den Nachbarbuchten zu beiden Seiten finden sich kleine Badestrände.

Im Binnendorf **Mariés** ➡ C16 ist die kleine, von traditionellen Häusern eingerahmte Platía mit ihren Kafenía unter Maulbeerbäumen eine Pause wert. Ein Spaziergang durch die alten Gassen des Dorfes verrät noch viel vom Leben der thassischen Bauern. Unweit der Platía steht deutlich sichtbar die den Erzengeln geweihte **Kirche Taxiárchon** aus dem Jahr 1813 mit sehr schönen volkstümlichen Wandmalereien.

Über den Dächern von Panagía

Béthel ➡ C16
Am unteren Dorfrand, Mariés
✆ 25 93 04 22 50
Die älteste Taverne im Ort bietet einen schönen Blick ins Grüne. Im Sommer sitzt man auf der weinüberrankten Terrasse. €

Panagía/Chrysí Ammoudiá

➡ C16/17
Das wasserreiche **Bergdorf Panagía** ➡ C16 mit vielen traditionellen, schiefergedeckten Häusern und einer **Marienkirche** aus dem Jahr 1832 lohnt einen kurzen Bummel zum Einkauf traditioneller thassischer Kulinaria wie in Zuckersirup eingelegte Früchte und Honig. Zu Panagía gehört die moderne Strandsiedlung **Chrysí Ammoudiá** ➡ C17 (Goldener Sand) mit einem kilometerlangen Sandstrand.

La Terrasse ➡ C17
Am nördlichen Strandabschnitt Chrysí Ammoudiá
✆ 25 93 95 82 21
www.enavlionhotel.com
Vom Frühstück bis zum Late Night Cup ist man hier gut aufgehoben und findet eine große Auswahl an Gerichten für Feinschmecker, aber auch Pizza, Pasta und Risotto. Neben kreativ interpretierten griechischen Gerichten steht hier auch Exotischeres wie Ceviche von der Seebrasse oder mit Shrimps gefüllte Avocado auf der Karte. Exzellent ist das mehrgängige Signature Menü des Küchenchefs. €€€

Potamiá/Chrysí Aktí

➡ C16/17
Das **größte Bergdorf** der Insel mit über 1000 Einwohnern liegt landschaftlich besonders reizvoll am Hang des hinter dem Dorf 1204 Meter aufragenden Inselgipfels Ypsári. Von der kleinen Platía aus hat man einen herrlichen Blick auf die Steinhäuser des Dorfs und die mächtige Bergkulisse.

Die zu Potamiá gehörende Küstensiedlung ist **Skála Potamiá** ➡ C17, das auch **Chrysí Aktí** (Goldküste) genannt wird. Im Gegensatz zu Chrysí Amoudiá auf der anderen Seite der Bucht gibt es hier einen richtigen kleinen Ortskern und sogar einen modernen Hafen sowie eine kurze Uferpromenade. Der Strand fällt besonders flach ins Wasser ab, vorteilhaft für kleine Kinder.

Vágis Museum ➡ C16/17
Im Ortszentrum, Potamiá
✆ 25 93 06 14 00

1894 erblickte der griechisch-amerikanische Bildhauer Polygnótos Vágisals, ein Zimmermannssohn aus Potamiá, das Licht der Welt. Im Jahr 1911, als Thássos noch zum Osmanischen Reich gehörte, wanderte er in die USA aus, wo er bald Karriere als Bildhauer machte. Der berühmte Maler Giorgio de Chirico nannte ihn 1937 einen der kreativsten Künstler seiner Zeit. Seine Werke kann man u. a. auch im Metropolitan Museum of Art in New York bewundern. Einen guten Überblick über sein Werk bekommt man hier in diesem 1981 gegründeten Museum in der alten Schule von Potamiá. 98 Skulpturen und 15 Gemälde sind ausgestellt.

Thássos Action Club ➡ C17
Am nördlichen Uferbereich von Skála Potamiá
✆ 69 87 92 52 06
thassosactionclub.com
Verleih von Kajaks, SUPs und Mountainbikes. Geführte Kajaktouren finden vormittags und zur Zeit des Sonnenuntergangs statt. Angeboten werden auch eine sechsstündige Quad-Safari mit Schnorchelpause und eine kombinierte MTB-/Wandertour auf den 1204 m hohen Ypsári.

Ausflugsziel:

Paradise Beach ➡ D17
6 km südlich von Potamiá, Linienbushaltestelle
Einer der schönsten Inselstrände liegt 500 bewaldete Meter unterhalb der Inselrundstraße und ist noch fast völlig unverbaut. Der Strand ist feinsandig, etwa 300 m lang und bis zu 25 m breit. An beiden Seiten wird er von gut zum Schnorcheln geeigneten Felsen gesäumt. Dem Strand gegenüber liegt das grüne, unbewohnte Inselchen Kinoúra, in der Ferne ragt die Insel Samothráki über 1600 m hoch aus dem Meer auf. Das Ufer fällt hier flach ab, oft gibt es ein wenig Brandung. Sonnenschirme und Liegen werden direkt vor der Strandtaverne **Parádissos** vermietet, die auf ihrer umfangreichen Karte auch Gyros, Fischsuppe, Pizza und Pasta anbietet.

Dream Paragliding ➡ D17
Paradise Beach
✆ 69 88 63 36 30
www.dreamparagliding.com
Wer mutig genug ist, kann fast täglich mit Dímitris Papadógiannis am Gleitschirm vom Paradise Beach aus durch die Lüfte schweben. Dímitris war mehrfach griechischer Paragliding-Meister. Der Flugdauert dauert 90 Minuten,

Weiße Sandstrände, kristallklares Meer und romantische kleine Buchten: Auf Thássos findet jeder seinen Traumstrand

man muss mindestens acht Jahre alt sein und darf maximal 110 kg wiegen. Das ganze Erlebnis wird natürlich im Video festgehalten.

Potós ➡ D16
Der Badeort strahlt besonders viel **mediterranes Flair** aus. Dazu trägt die Strandpromenade mit ihren vielen Cafés, schick gestylten Lounge-Bars und urigen Tavernen ebenso bei wie die schmale Haupteinkaufsgasse, die weitgehend Fußgängern vorbehalten ist. Zu Fuß, per Boot oder mit dem Linienbus kann man die vielen kleinen Strände in der Umgebung entdecken; ein großes Wassersportangebot und mehrere Clubs im nahen Umkreis sorgen rund um die Uhr für Unterhaltung.

Piátsa Michális ➡ D16
Am östlichen Ende der Haupteinkaufsgasse, Potós
✆ 25 93 05 21 09
Stets gut besuchte Taverne mit besonders großer Auswahl. Viel Gemüse aus eigenem Anbau. €€

Akrogiáli ➡ D16
An der Uferpromenade, Potós
✆ 25 93 05 27 48
Wirt Thomás hat zunächst lange in Köln und dann auf der Kykladeninsel Santorin gelebt. Daher spricht er gut Deutsch und hat seine Taverne im kykladischen Stil dekoriert. Gekocht wird typisch griechisch, das Dessert geht immer auf Kosten des Hauses. €

Boomerang ➡ D16
An der Uferpromenade, Potós
Der Inhaber ist ein in Australien geborener und aufgewachsener Grieche, die gesamte Dekoration erinnert an den fünften Kontinent. Die Aussie-Cocktails sind besonders raffiniert und gut bemessen, das griechische Fassbier kommt preiswert auf den Tisch oder Tresen.

Kappa Art Gallery ➡ D16
Im nördlichen Teil der Hauptgasse Potós
✆ 69 74 89 29 36
Bis Mitternacht ist die liebevoll gestaltete Kunstgalerie geöffnet, in der der Inhaber nicht nur eigene Werke, sondern auch die vieler anderer griechischer Künstler ausstellt und verkauft. Neben modernen Gemälden gibt es auch Skulpturen und kleine Objekte aus verschiedensten Materialien.

Der Pefkari-Strand, nahe Potós, bei Nacht

Ankommende Fähre in Prínos: der Hafen ist einer der wichtigsten Verbindungen mit dem Festland

Scuba Diving Club ➡ D16
An der Hauptgasse
Potós
✆ 69 44 54 29 74
www.scuba-vas.gr
Tauchlehrer Vasílis Vasiliádis war Berufstaucher bei der griechischen Kriegsmarine. Alle Tauchgänge starten vom eigenen 10-m-Boot aus.

Velo Bike Rentals ➡ D16
An der Hauptstraße im Ortszentrum, 40 m östlich der Kirche
Pótos
✆ 25 93 05 24 59
www.velobikerental.com
Der 1971 in Zürich geborene Giánnis Reizis hat in seinem Leben schon an zahlreichen Radrennen, MTB-Challenges und Marathonläufen teilgenommen. Auf Thássos vermietet er nicht nur Mountainbikes mit und ohne E-Motor, sondern veranstaltet auch zahlreiche geführte Touren vor allem in die Bergwelt der Insel.

Prínos und Sotíros ➡ C15/16

Das auch **Kalíves** genannte neue Dorf **Prínos** ➡ C15 liegt nahe dem Meer in der flachen Küstenebene. Knapp zwei Kilometer davon entfernt spielt **Skála Prínos** ➡ C15 eine bedeutende Inselrolle als zweitwichtigster Hafen im Fährverkehr mit den Festlandshäfen Kavála und Péramos.

In Skála Prínos und auch im benachbarten **Néos Prínos Dasíllio** ➡ C15 hat sich dank eines teilweise von einem Küstenwäldchen gesäumten Strands auch etwas Badetourismus der ruhigeren Art entwickelt.

Für Inselrundreisende jedoch viel attraktiver sind die beiden alten Bergdörfer **Megálos Prínos** und **Mikrós Prínos** ➡ C16, zu denen von Prínos aus eine 5,4 Kilometer lange Stichstraße führt. Um den Namenswirrwarr perfekt zu machen, wird Mégalos Prínos

Die Skulptur »Stille Liebe« des französischen Künstlers Christian Burger im Park of Sculpture zwischen Skála Sotíros und Skála Kalirráchis

häufig auch Megálos Kazavíti genannt. Alle fünf Ortsteile von Prínos zusammen zählen etwa 1350 Bewohner.

Die kleine **Platía von Mégalos Prínos** gilt vielen Besuchern als die schönste der ganzen Insel. Man sitzt in einer guten Taverne, umrahmt von historischer Volksarchitektur und üppigem Grün. In der Mitte des Platzes lädt eine uralte Platane mit ausgehöhltem Stamm Kinder zum Spielen ein. In der Taverne bekommt man auch sonst selten angebotene Spezialitäten wie hausgemachten, eisgekühlten Bergtee und gebackene Nudeln mit Kopffleisch vom Lamm. Anschließend kann man in engen Gassen durch das ansonsten stille Dorf gehen und ein Gefühl dafür bekommen, wie das Leben auf der Insel noch vor 50 Jahren gewesen sein mag.

Drei Kilometer südwestlich von Prínos liegt der Küstenort **Skála Sotíros** ➡ C15 mit dem dazugehörigen, vier Kilometer entfernten Bergdorf **Sotirós** ➡ C15. Der Dorfbrunnen dieses an einem extrem steilen Hang erbauten Dorfes stammt aus dem Jahr 1888. Er ist mit Reliefs geschmückt, die Gesichter, Sonne und Mond, Zypressen sowie Wasserkrüge zeigen.

Wiederum knapp drei Kilometer weiter südlich beschließt **Skála Kalirráchis** ➡ C15 den Reigen der Küstenorte an der Nordwestküste der Insel.

Park of Sculpture ➡ C15
An der Inselrundstraße zwischen Skála Sotíros und Skála Kalirráchis nahe einer EKO-Tankstelle
Schlüssel in der angrenzenden Taverne Órama
Eintritt frei
Infos (auf Englisch) über Künstler und Werke auf www.artlogos.gr
Ein alter Olivenhain nahe dem Meer ist seit 2002 zu einem Freiluftmuseum für zeitgenössische Bildhauerkunst herangewachsen. 2002, 2003 und 2005 fanden hier auf Einladung der griechischen Kulturorganisation Art Logos und ihrer thassischen Mentorin Emmy Varouxáki drei internationale Bildhauersymposien statt, bei denen die Künstler aus aller

Welt ausschließlich mit weißem thassischem Marmor arbeiteten. Ihre Werke verblieben dort, wo sie entstanden sind.

Bootswerft ➡ C15
An der Uferstraße zwischen Skála Prínos und Néos Prínos Dasíllio
Frei zugänglich
Auf der kleinen Werft wurden früher unter freiem Himmel viele kleine Fischerboote aus Holz gebaut; heute werden überwiegend Reparaturen ausgeführt. Man kann ganz aus der Nähe zuschauen und gern auch fotografieren.

Prähistorische Siedlung von Skála Sotíros ➡ C15
An der Inselrundstraße unter der großen Dorfkirche (Hinweisschild »Prehistoric Settlement«)
Skála Sotíros
Frei einsehbar
Unter dem Kirchplatz des kleines Küstenortes haben Archäologen 1986 die Überreste einer kleinen befestigten Siedlung aus dem 2. Jt. v. Chr. gefunden. Zu ihrem hohen Mauerring gehörten drei Tore und mehrere Bastionen. In die Mauern eingefügt sind Menhiren ähnliche Stelen und fünf steinerne Köpfe, die ins 3./4. Jh. v. Chr. datiert werden.

Zorbás ➡ C15
Am Hafen
Skála Prínos
✆ 25 93 11 23 56
Taverne mit großer Auswahl, darunter auch eine Reihe hausgemachter Suppen und Eintopfgerichte. €

Choriátiko ➡ C15
Am Hafen
Skála Prínos
Bäckerei und Konditorei, deren Spezialität warme *loukoumádes* sind, eine Art in Fett ausgebackene kleine Krapfen, serviert mit Honig und Sesam.

Rachóni ➡ C16
Wer eine Inselrundfahrt in der Hauptstadt beginnt und entgegen dem Uhrzeigersinn Thássos umrundet (was der vielen Aussichtspunkte auf der Meerseite wegen von Vorteil ist), trifft in Rachóni erstmals auf die für Thássos so bezeichnende Kombination aus Berg- und dazugehörigem Küstenort gleichen Namens. Skála bezeichnet immer den Küstenort, hier also **Skála Rachóni**.

Der dazugehörige Bergort liegt in diesem Fall viereinhalb Kilometer landeinwärts. Die meisten Häuser sind noch alt und mit Schieferschindeln gedeckt. Mitten im Dorf gedeihen Feigen-, Pflaumen- und Pfirsichbäume. Die kleine Platía zählt zu den schönsten der Insel.

Drossiá ➡ C16
Am unteren Ortsanfang an der Kirche Kímisis tis Theotókou
Rachóni
✆ 69 45 19 12 79
Taverne unter alten Platanen, samstagabends Livemusik und Zicklein am Spieß. €

O Líkos ➡ B16
Im Zentrum der Uferstraße
Skála Rachóni
✆ 25 93 08 12 04

Süße Sünde: die fettgebackenen Loukoumádes

Das kleine Dorf Theológos mit seinen Natursteinhäusern

Die traditionelle Familientaverne ist simpel und preisgünstig, die Wirte sprechen Deutsch – und das einfache griechische Essen schmeckt ausgezeichnet. Besonders gut sind die in der Pfanne gebratenen Zucchini und Auberginen und der Dornhai mit Kartoffel-Knoblauch-Püree, den man als *galéos me skordaljá* bestellt. Alles schmeckt am besten zur Zeit des Sonnenuntergangs, den man von hier aus gut verfolgen kann. €

Theológos ➡ D16

Vor den Blicken habgieriger Piraten gut versteckt liegt das große Dorf mit seinen vielen alten Natursteinhäusern fast zehn Kilometer von der Küste entfernt in einem weiten Tal. Über zweieinhalb Kilometer erstreckt es sich vom unteren Ortsanfang bis hinauf zur kräftigen **Quelle Agía Vassilikí** am oberen Dorfrand. Bei Theológos gibt es mehrere ganzjährig Wasser führende Wasserfälle, zu denen gut ausgeschilderte Wanderwege führen.

Im Mittelalter und in den Jahrhunderten der türkischen Fremdherrschaft war Theológos die Inselhauptstadt, heute zählt es nur noch etwa 700 Bewohner. Im Sommer herrscht aber vor allem an Wochenenden so viel Betrieb, dass man seinen Mietwagen am besten an der Umgehungsstraße parkt und ins Dorf läuft – zumal die Dorfstraße ohnehin sehr schmal ist und keine Parkmöglichkeiten bietet.

Die auswärtigen Gäste kommen übrigens nicht nur wegen des schönen Ortsbildes mit seinen engen Gassen und kleinen Plätzen, sondern vor allem auch, um hier in den Tavernen Fleisch vom Holzkohlengrill zu essen, denn Theológos wird für sein **gutes Lamm- und Zickleinfleisch** gerühmt.

Iatroú ➡ D16
An der Hauptstraße im Dorf Theológos
✆ 25 93 03 10 00
Lamm und Zicklein drehen sich hier täglich über Holzkohle am

Grillspieß, dazu meist auch *kokorétsi*: Innereien vom Lamm oder Zicklein, in Darm gewickelt und gern mit Senf gegessen. Man bestellt das Fleisch hier nach Gewicht; Skeptiker dürfen beim Auswiegen selbstverständlich dabei sein. €€

Agía Vassilikí Spring ➡ D16
Am obersten Dorfrand, 500 m unbefestigte Straße vom Dorffriedhof entfernt, Theológos
✆ 69 40 51 87 88
Kleines Terrassenlokal in einer ehemaligen Wassermühle an und über der Hauptquelle des Ortes – ohne Blick auf andere Häuser und vor mächtigen Platanen. Gut für einen Kaffee oder Drink und um Kleinigkeiten zu essen. €

Pegasus Reiterhof ➡ D16
Am südlichen Ortsanfang unterhalb der Hauptstraße
Theológos
✆ 25 93 03 14 75
www.pegasus-reiterhof.com
Sibylle Bitzer aus Nordbaden ist eine erfahrene Pferdesportlerin. Auf ihrem Reiterhof stehen griechische und aus Deutschland eingeführte Pferde, Esel und Maultierponies. Das Programm reicht vom Anfängerunterricht bis zu Halbtagestouren mit Picknick, die u. a. zu Wasserfällen, zu Stränden oder auch zu einem Marmorsteinbruch führen. Auch therapeutisches Reiten und einwöchige Reitercamps für Kinder ab zehn Jahren gehören zum Leistungsspektrum. Dem Reiterhof ist eine Taverne angeschlossen. ■

Theológos ist berühmt für sein Ziegenfleisch

Der Esel gehört auf Thássos noch zum dörflichen Alltag

Chalkidikí und Thássos in Zahlen und Fakten

Fläche: Der Regierungsbezirk Chalkidikí ist 2918 km^2 groß, die Insel Thássos 379 km^2.
Bevölkerung: Die Chalkidikí zählt ca. 102 000 Bewohner, die Insel Thássos ca. 13 000. Wie 98% aller Griechen sind auch die Menschen in diesen Regionen überwiegend griechisch-orthodoxe Christen.
Geografie: Die Küsten der Chalkidikí sind ca. 500 km lang, die von Thássos mit exakt 95 km vermessen. Der höchste Berg auf Thássos ist der 1206 m hohe Ypsári, der höchste Gipfel der Chalkidikí der 2030 m hohe Berg Áthos.
Verwaltung: Die Chalkidikí ist ein Regierungsbezirk in der Provinz Zentralmakedonien *(Kentrikí Makedonía)*, die Insel Thássos Teil des Regierungsbezirks Kavála in der Provinz Ostmakedonien *(Anatolikí Makedonía)*. Hauptstadt der Chalkidikí ist Polígiros, Hauptstadt von Thássos Liménas.
Wirtschaft: Thássos und die Chalkidikí leben überwiegend vom Tourismus. Im Hinterland der Chalkidikí spielen auch Forst- und Landwirtschaft sowie der Bergbau eine bedeutende Rolle. Auf Thássos wird Marmor abgebaut.

Anreise, Einreise

EU- und Schweizer Staatsbürger benötigen für die Einreise einen mindestens noch drei Monate gültigen Personalausweis oder Reisepass. Kinder bis zwölf Jahre müssen einen Kinderreisepass mit Lichtbild bei sich führen. Die früheren Kinderausweise gelten bis zum Ablauf ihrer Gültigkeit, werden jedoch nicht mehr ausgestellt oder verlängert. Wer bei der Einreise mehr als 10 000 Euro in bar oder als Schecks bei sich führt, muss den genauen Betrag beim Zoll deklarieren.

Wer einen Hund einführen will, braucht für ihn einen EU-Heimtierausweis. Der Hund muss durch einen Mikrochip eindeutig identifizierbar, die Kennzeichnungsnummer im Heimtierausweis eingetragen sein. Die letzte Tollwutimpfung darf nicht länger als ein Jahr zurückliegen und muss mindestens 21 Tage vor der Einreise nach Griechenland erfolgt sein.

Mit dem Auto
Am schnellsten und völlig problemlos ist die Anreise über die italienischen Fährhäfen. Über die aktuelle Situation auf den Balkan-Routen nach Nordgriechenland informieren die Automobilclubs.

Mit dem Schiff
Von den italienischen Adria-Häfen Venedig, Ancona, Bari und Brindisi fahren täglich Fähren zum nordwestgriechischen Festlandshafen Igoumenítsa. Von Igoumenítsa führt die moderne, sehr tunnelreiche Autobahn Odós Egnatía (www.egnatia.gr) durch die landschaftlich besonders reizvolle Gebirgsregion der Provinz Epirus zum 443 Kilometer entfernten Thessaloníki. Auf dieser Autobahn herrscht nur wenig Verkehr, man kommt schnell voran. Von Thessaloníki geht es auf der Stadtumgehungsautobahn und über gut ausgebaute Straßen weiter zur Chalkidikí oder auf der Egnatía-Autobahn bis nach Kavála, einem der Fährhäfen zur Insel Thássos.

Mit der Eisenbahn

Die Bahnanreise lohnt sich nur für absolute Eisenbahn-Liebhaber. Sie dauert von München nach Thessaloníki immerhin 33 bis 37 Stunden und ist mit zweimaligem Umsteigen in Wien und Belgrad verbunden.

Mit dem Bus

Einmal wöchentlich fährt ein Europa-Bus der Deutschen Touring von verschiedenen deutschen Städten aus über Italien oder den Balkan nach Thessaloníki (ab München 36 Std.) und weiter nach Kavála (3 Std. zusätzlich). Auskunft in Reisebüros oder bei Deutsche Touring Gesellschaft, ✆ (961 99) 297 85 01, www.eurolines.de, Buchung nur per E-Mail: service@touring.de

Mit dem Flugzeug

Zielflughafen für die Chalkidikí ist in der Regel Thessaloníki, für die Insel Thássos Kavála. Beide Flughäfen sind ganzjährig per Linienflug von den deutschsprachigen Ländern aus zu erreichen, im Sommerhalbjahr auch per Charterflug.

Der rund um die Uhr geöffnete **Flughafen Makedonía–Thessaloníki** mit einer 2638 Meter langen Landebahn liegt 14 Kilometer vom Stadtzentrum entfernt direkt am Meer. Taxis stehen bei der Ankunft in großer Zahl bereit. Rund um die Uhr verbinden die Buslinien X1 und X1N den Airport mit der Innenstadt und dem Hauptbahnhof von Thessaloníki sowie mit dem Fernbusbahnhof der Stadt. Das Ticket kostet am Schalter neben der Haltestelle weniger als am Automaten im Bus. Das Flughafenrestaurant ist rund um die Uhr geöffnet, eine Gepäckaufbewahrung ist vorhanden.

Direkte Linienbusse zur Chalkidikí gibt es vom Flughafen aus nicht. Die Linienbusse zur Chalkidikí fahren von einem Busbahnhof nahe der Autobahn an der Ausfahrt »Praktiker« ab. Vom Flughafen fahren etwa stündlich Busse der Linie 79A dorthin. Die Haltestelle liegt auf der Ankunftsebene etwa dort, wo das Café ist. Tickets sind dort am Schalter erhältlich.

Der **Flughafen Mégas Aléxandros – Kavála** mit einer 2986 Meter langen Landebahn liegt 32 Kilometer von Kavála entfernt bei Chrissoúpolis nahe der Straße zum Fährhafen Keramotí, von dem aus den ganzen Tag über Fähren nach

Melonenverkäufer in Néa Kallikrátia

Thássos abfahren. Busverbindungen vom Flughafen aus dorthin gibt es nicht, man nimmt ein Taxi. Am Flughafen gibt es eine zu allen Ankünften und Abflügen geöffnete Snack-Bar.

Auskunft

Fremdenverkehrsämter:
Die **Griechische Zentrale für Fremdenverkehr (GZF)** hat in Deutschland und Österreich jeweils eine Niederlassung. Bei telefonischen Anfragen ist zu beachten, dass die Büros sowohl an den Feiertagen des Gastlandes als auch an griechischen Feiertagen geschlossen sind.

ℹ **In Deutschland**
Holzgraben 31
D-60313 Frankfurt/Main
✆ (069) 257 82 70
www.visitgreece.com.de

ℹ **In Österreich**
Fichtegasse 2/4/26, A-1010 Wien
✆ (01) 512 53 17 17
info@visitgreece.at

In Griechenland
Offizielle Tourist Informationen gibt es in Griechenland sehr viel seltener als in anderen europäischen Ländern. Die Qualität der Beratung ist höchst unterschiedlich, Umwege lohnen sich ihretwegen nicht. Die Griechische Zentrale für Fremdenverkehr unterhält ein nur sporadisch besetztes Büro am Flughafen von Thessaloníki und außerdem zwei Stadtbüros:

– EOT
Odós Mitropóleos 34
54623 Thessaloníki
✆ 23 10 25 21 71
– EOT
Odós Ethnikís Antistásis 2
65110 Kavála
✆ 25 10 23 16 53

Automiete, Autofahren

Mietwagen jeder Art kann man an den Flughäfen von Kavála und Thessaloníki übernehmen, aber auch in fast jedem Ferienort buchen. Vor Ort gebucht sind Schäden an Reifen und Unterseite des Wagens meist selbst durch Vollkasko nicht abgedeckt. Viele – auch renommierte internationale – Autovermieter übergeben die Mietwagen nicht mit vollem Tank oder erwarten die sofortige Zahlung des Tankinhalts. Dafür kann man den Wagen dann mit leerem Tank zurückgeben – falls man die Nerven dafür hat.

Die meisten **Straßen** zur und auf der Chalkidikí sind ebenso wie die Inselrundstraße auf Thássos sehr gut ausgebaut. Vorsicht ist in Kurven angebracht, da viele Griechen diese gern schneiden. Am besten hält man sich weit rechts und hupt eventuell vor unübersichtlichen Stellen. In den Städten muss man besonders auf Motorradfahrer achten, die sich gern durch jede erdenkliche Lücke schlängeln und Autos manchmal auf beiden Seiten gleichzeitig überholen. Eine griechische, von der Polizei geduldete Eigenart ist die intensive Nutzung der Standspuren auf Autobahnen und Schnellstraßen. Hier wird erwartet, dass man Überholenden, gleich aus welcher Richtung kommend, Platz macht.

Bei der Anreise über die Schweiz ist die **Grüne Versicherungskarte** mitzuführen. Für Griechenland ist sie nicht Pflicht, erleichtert aber die Schadensabwicklung.

Das **Tempolimit** liegt für Pkw auf griechischen Autobahnen bei 120 oder 130 km/h, auf mehrspurigen Schnellstraßen bei 110 km/h, auf Landstraßen bei 90 km/h und innerorts bei 50 km/h.

Wohnmobile dürfen auf allen Straßen außerhalb geschlossener

Gemütliche Alternative zum Auto in Thessaloníki: Kutsche vor dem Weißen Turm am Hafen

Ortschaften maximal 80 km/h fahren.

Für Motorräder gilt eine Staffelung nach Hubraum (in Klammern Angaben für Motorräder ab 125 ccm Hubraum): auf Landstraßen 70 (90) km/h, auf Schnellstraßen 70 (110) km/h, auf Autobahnen 100 (120) km/h. Innerorts gilt für alle Motorräder ein Tempolimit von 40 km/h.

Die griechischen **Bußgelder** gehören zu den höchsten in Europa. Das Überfahren einer roten Ampel, die Nichtbeachtung eines Stoppschildes oder das Überfahren einer Doppellinie wird mit € 700 geahndet. Wer auf dem Motorrad ohne Helm fährt oder im Auto nicht angeschnallt ist, wird mit € 350 zur Kasse gebeten. Befolgt der Fahrer Helm- oder Anschnallpflicht, zahlt er für jeden nicht gesetzeskonformen Mitfahrer € 80. Wer ohne Nummernschild am Auto erwischt wird, muss bis zu € 5300 Bußgeld aufbringen. Die Benutzung eines Mobiltelefons am Lenkrad wird allerdings mit nur € 100 Bußgeld geahndet. 50 Prozent Rabatt erhält, wer sein Bußgeld sofort berappt.

Die **Promillegrenze** beträgt für Pkw-Fahrer 0,5, für Motorrad- und Wohnmobilfahrer 0,2.

Diplomatische Vertretungen

ℹ Generalkonsulat der Bundesrepublik Deutschland
Leofóros Megálou Aléxandrou 33
GR-54641 Thessaloníki
✆ 23 10 25 11 20
www.griechenland.diplo.de

ℹ Honorarkonsulat von Österreich
Intergeo, Odós Chapsá/Odós Polygyros 47
GR-57001 Thérmi
✆ 23 10 47 81 44
www.bmeia.gv.at

ℹ Honorarkonsulat der Schweiz
Leofóros Níkis 47
GR-54622 Thessaloníki
✆ 23 10 28 22 14
www.eda.admin.ch

Einkaufen

Die Großstadt **Thessaloníki** ist die **Einkaufsmetropole** des Nordens. Auf ihren Märkten findet man zahlreiche kulinarische Souvenirs, Trödel und Antiquitäten. Die meisten Mode- und Schuhgeschäfte liegen im Viereck zwischen den Straßen Iónos Dragoúmi, Egnatía, Pal. Patr. Germanoú und Tsimiskí.

Auf der **Chalkidikí** und auf **Thássos** halten sich die Versuchungen zum Shoppen in engen Grenzen. In fast jedem Urlaubsort gibt es **Schmuckgeschäfte**, oft werden auch **Keramik** und **Kunsthandwerk** feilgeboten.

Regionaltypische Souvenirs beschränken sich weitgehend auf **Kulinaria.** Beide Regionen sind für ihren **Honig** in ganz Griechenland berühmt. Beliebte Mitbringsel sind auch Weine und Olivenöl, Oúzo und der Tresterschnaps *Tsípouro*. Überall auf Thássos werden äußerst leckere in Zuckersirup eingelegte Früchte angeboten, auf der **Áthos-Halbinsel** ist das Angebot an **Ikonen** jeder Qualität und Preislage besonders groß.

Eintrittspreise

Die Eintrittspreise für **Museen** und **archäologische Stätten** liegen zwischen drei und zehn Euro. Ab 1. April 2025 sollen die Tickets jedoch um etwa 50 Prozent teurer werden. Behinderte mit amtlichem Ausweis, Schüler mit nationalem Schülerausweis, Studenten mit Internationalem Studentenausweis sowie auch Journalisten mit Presseausweis haben freien Eintritt und Senioren ab 65 Jahren erhalten eine Ermäßigung.

Für alle **kostenlos** ist der Zutritt zu staatlichen Museen und archäologischen Stätten an jedem ersten und jedem dritten Sonntag im Monat zwischen November und März. Freier Eintritt wird außerdem an allen gesetzlichen Feiertagen, am letzten Wochenende im September sowie am 6. März (zum Gedenken an Melína Mércouri) gewährt. Eintrittsfrei bleiben auch der Internationale Denkmalstag im April, der Internationale Museumstag im Mai und der Internationale Umwelttag im Juni. In **Kirchen** und **Klöstern** ist der Eintritt fast immer frei, doch Spenden werden gern entgegengenommen.

Besondere Souvenirs

Besonders schöne, originelle und qualitätsvolle Souvenirs erhält man dort, wo man sie vielleicht gar nicht vermutet: in **Museumsläden** und auf **Postämtern**. Im Archäologischen Museum von Thessaloníki sowie im ihm unmittelbar benachbarten Byzantinischen Museum sind nicht nur Repliken von Kunstwerken und historischem Schmuck zu erwerben, sondern es werden auch Kleinigkeiten wie geschmackvolle Tücher und Kaffeebecher, Puzzles und Poster verkauft. Auf Postämtern ist häufig eine Kollektion von Weinen zu finden, deren Etiketten Briefmarken zieren, oder auch Ikonen, die auf Briefmarken abgebildet sind.

Die Ausfuhr echter Ikonen aus vergangenen Jahrhunderten ist strengstens verboten

Essen und Trinken

Die griechische Küche ist sehr viel abwechslungsreicher, als man das nach einem Besuch in den meisten griechischen Restaurants in Deutschland vermuten würde. Drei Zubereitungsarten stehen dabei gleichberechtigt im Vordergrund: **Herd, Backofen und Holzkohlengrill**. Sehr beliebt sind Aufläufe wie das *moussaká* aus Auberginen oder Zucchini, Kartoffeln, Hackfleisch und Béchamelsauce und das *pastítsjo* aus Makkaroni, Hackfleisch und Béchamelsauce. Hinzu kommt eine Vielzahl von Salaten und Dips, von denen das aus Joghurt, Gurken und Knoblauch zubereitete *tzazíki* weltbekannt wurde. Suppen hingegen genießt man in Griechenland fast nur im Winter – oder zwischen Mitternacht und frühem Morgen.

Die Küche Makedoniens, zu dem ja auch Thessaloníki, die Chalkidikí und die Insel Thássos gehören, unterscheidet sich von der des übrigen Griechenland vor allem durch eine reichlichere Verwendung von **Kräutern** und **Gewürzen**. Manche Gerichte besitzen hier sogar eine ansonsten in Hellas unübliche leichte Schärfe. Wer es noch schärfer mag, findet in fast allen Grillstuben *búkovo* vor, eine Form von getrockneten und geriebenen roten Chilischoten, und kann in jedem Restaurant eine oft höllisch scharfe gebratene Pepperoni als *kafterí piperjá* hinzubestellen. Typisch makedonisch ist auch der sonst in Hellas nicht erhältliche Salat *pikantikí*, ein nur leicht saurer Krautsalat. In ganz Nordgriechenland beliebt sind die *píttes*, eine Art Strudelteig, der mit Fleisch, Gemüse, Käse, Würstchen und vielem anderen gefüllt sein kann. Solche *píttes* gibt es nicht nur als Hauptgericht, sondern auch als leckere Zwischenmahlzeit zum Mitnehmen in Bäckereien und an Imbissständen. Griechen genießen sie gern als **zweites Frühstück**. Eine süße Variante ist das *bougátsa kréma*: mit einem lockeren Griespudding gefüllt und mit Puderzucker und eventuell Zimt bestreut. Dieses *bougátsa* ist in Teilen Makedoniens sogar rund um die Uhr frisch gebacken erhältlich.

Die Kunst der Keramikherstellung geht bis in das 7. Jahrtausend v. Chr. zurück

Wichtigstes Merkmal griechischer Esskultur ist es, dass man fast nie allein oder nur zu zweit zum Essen geht. Man nimmt Verwandte oder Freunde mit, die dann Teil der für Hellenen so wichtigen *paréa* werden, der **Tischgemeinschaft**. Innerhalb der *paréa* bestellt man gemeinsam die verschiedensten Vorspeisen und Salate, von denen jeder nimmt, was und wie viel er mag. Menüs, von jedem Gast einzeln nur für sich selbst zusammengestellt, sind völlig unüblich. Auch Hauptgerichte werden nur selten einzeln bestellt. Man ordert für die gesamte Tischgemeinschaft: z. B. zwei Kilogramm Lammkoteletts oder drei Kilogramm Fisch, einen Teller von jenem und einen Teller von diesem. Jeder greift dann wieder nach eigenem Gusto zu. Die Rechnung zahlt einer für alle – man kann ja notfalls hinterher den Gesamtbetrag unter sich aufteilen.

Die meisten griechischen Tavernen sind von vormittags bis spät in die Nacht hinein durchgehend geöffnet. Nur vornehmere Restaurants haben feste Essenszeiten. Griechen gehen häufig erst – wenn überhaupt – gegen 14 oder 15 Uhr zum **Mittagessen**. Sehr viel wichtiger ist das **Abendessen**, das auf keinen Fall vor Einbruch der Dunkelheit, aber durchaus noch um Mitternacht eingenommen wird. In den Urlaubsorten hat man sich natürlich auch auf die ausländischen Gäste eingestellt, serviert das Mittagessen schon ab 12.30 oder 13 und das Abendessen ab 18 oder 19 Uhr.

Vor der Bestellung schauen Griechen nur selten in die – meist vielsprachige – **Speisekarte**. Sie lassen sich lieber vom Kellner oder Wirt aufzählen, was es gibt. Als Ausländer geht man am besten an den **Warmhaltetresen**, in dem meist die gekochten und gebackenen Tagesgerichte ausgestellt sind. Der früher übliche Gang in die Küche ist inzwischen leider durch EU-Vorschriften untersagt, wird von manchen Tavernenwirten aber trotzdem noch gestattet.

Zu den zahlreichen kleinen **Vorspeisen**, die man einmal kosten könnte, gehören beispielsweise das **Fischrogenpüree** *taramosaláta*, das **Auberginenpüree** *melindsanosaláta* und das **Knoblauch-Kartoffel-Püree** *skordaljá*. Eine Spezialität der Chalkidikí sind **Miesmuscheln**, *midjá*, die auf Muschelbänken zwischen Áthos-Halbinsel und Festlandsküste gezüchtet werden. Auch **Schnecken**, *salingárja*, und **Pilze**, *manitárja*, sind als Vorspeisen oder Kleinigkeiten zum **Anisschnaps** *oúzo* oder zum **Tresterschnaps** *tsípouro* beliebt. Neben dem allseits bekannten **griechischen Bauernsalat** *choriatikí* stehen je nach Jahreszeit oft der **Rote-Bete-Salat** *patsárja* und der **Mangoldsalat** *chórta* auf der Karte. Auch **Rucola**- und **Endiviensalat** werden gern serviert.

Zu den besonders schmackhaften **Gemüsegerichten** gehören *briám*, eine Art Ratatouille, und *jemistés*, mit Reis und Kräutern gefüllte Tomaten und Paprika. Köstlich sind auch *angináres*, Artischockenherzen mit Kartoffeln in einer hellen Soße. *Dolmádes* heißen mit Reis oder mit Reis und Hackfleisch gefüllte Weinblätter, *lachanodolmádes* nennt man die griechische Variante der Kohlrouladen.

Typisch griechische **Suppen** sind Hühnersuppe und die Kuttelsuppe patsá, die man gern nach durchzechten Nächten ordert. Auch eine Fischsuppe steht auf vielen Karten, ist jedoch von höchst unterschiedlicher Qualität.

Griechen essen in Tavernen vor allem **Fleisch** und **Fisch** – Gemüse steht zu Hause ja oft genug auf

Allseits bekannt: der griechische Bauernsalat

Griechischer Wein

Griechische Weine können inzwischen durchaus mit guten Tropfen aus Italien oder Frankreich konkurrieren. Sie werden jedoch in so kleinen Mengen produziert, dass sich der Export kaum lohnt. Eine der größten Weinkellereien Griechenlands, »Tsantális«, ist auf der Chalkidikí nahe der Autobahn Richtung Chalkidikí beheimatet. Sie produziert auch den Anisschnaps *oúzo* und den Tresterschnaps *tsípouro*. Exklusiver sind die Weine der »Domaine Carrás« auf der chalkidischen Halbinsel Sithonía. Zwischen der Chalkidikí und Thessaloníki werden bei »Malamatiána« und »Georgiádis« auch zwei der besten geharzten Weißweine – der berühmte *retsína* – abgefüllt. Retsína ist in der Regel noch preiswerter als offener Wein, der in nahezu allen Tavernen und Restaurants ausgeschenkt wird.

In guten Hotels und Restaurants erhält man darüber hinaus oft auch eine kleine Auswahl hervorragender Weine kleiner nordgriechischer Winzer. Namen, nach denen man Ausschau halten sollte, sind zum Beispiel »Babatzím«, »Gerovassilíou«, »Níkos Lazarídis«, »Aidarínis« und »Markovítis«.

dem Tisch. Beliebt ist *stifádo*, Rind- oder Kaninchenfleisch mit Zwiebelgemüse in einer Zimt-Tomatensauce, und *juvéstsi*, meist im Tongefäß gebackenes Rind- oder Lammfleisch mit reiskornförmigen Gerstennudeln. Ein typisches Fischgericht ist *bakaljáro*, in Teighülle ausgebackener Stockfisch mit Knoblauch-Kartoffel-Püree. Alljährlich ist er am 25. März das Hauptgericht, das fast alle Griechen essen. Ansonsten werden Fleisch und Fisch bevorzugt über Holzkohle gegrillt. Zu Fisch gehört dabei fast immer eine schlichte Olivenöl-Zitronensauce.

Ein **Nachtisch** wird in vielen nordgriechischen Tavernen meist ungefragt und kostenlos serviert. Oft kommt frisches Obst der Saison auf den Tisch, häufig auch warme *halvá*, ein lockerer, gebackener oder gerösteter Mandelgrieß.

Süßes schätzen die Griechen zu jeder Tageszeit. Neben **Kuchen** und **Cremetorten** findet man überall auch **orientalische Kuchen**. Große Auswahl bietet die Konditorei, das griechische *zacharoplastío*.

Kaffee trinkt man hingegen im modernen Café oder im traditionellen *kafenío*. Überall gibt es den schlicht *ness* genannten heißen Instantkaffee und den kalten, aufgeschäumten Instantkaffee *ness frappé*. Traditionsreicher ist freilich der griechische Mokka, *kafés ellinikós*. Da er mitsamt Kaffeepulver und Zucker langsam zum Aufwallen gebracht wird, muss man den gewünschten Süßegrad schon bei der Bestellung angeben: *skétto* = ohne Zucker, *métrio* = mit etwas Zucker, *glikó* = mit viel Zucker. Zum griechischen Kaffee bringt der Kellner immer ein Glas Wasser. All diese traditionellen Kaffeevariationen werden zunehmend von modernen Varianten bedrängt. Vor allem jüngere Griechen trinken gern Freddo Espresso und Freddo Cappuccino und geben auch dafür bei der Bestellung den gewünschten Süßegrad an. Fast nur von Ausländern bestellt wird der in Griechenland meist wenig schmackhafte Irish Coffee.

Frischer Fisch und Krustentiere werden in Griechenland meist nach Gewicht berechnet, auf der Speisekarte ist der **Kilopreis** genannt. Um späteren Ärger zu vermeiden, sollte man beim Auswiegen des ausgewählten Fisches oder Hummers immer dabei sein und sich gleich den Preis nennen lassen.

Konkrete **Restaurantempfehlungen** finden Sie unter den »Vista Points«. Die dort aufgeführten Preisklassen beziehen sich auf den durchschnittlichen Preis für ein Hauptgericht ohne Getränke.

€ – untere Preislage (bis 12 Euro)
€€ – mittlere Preislage (12–18 Euro)
€€€ – gehobene Preislage (über 18 Euro)

Feiertage, Feste

Unbewegliche gesetzliche Feiertage

1. Januar: Neujahrstag
6. Januar: Epiphanías (Tag der Wasserweihe und der Taufe Jesu)
25. März: Nationalfeiertag im Gedenken an den Beginn des griechischen Freiheitskampfes gegen die osmanische Herrschaft im Jahr 1821

Holzrelief »Christus beim Fischzug« im Kloster Ivíron auf dem heiligen Berg Áthos

1. Mai: Tag der Arbeit
15. August: Mariä Entschlafung (nicht Himmelfahrt, da die leibliche Himmelfahrt Mariens in der orthodoxen Kirche kein Dogma ist)
28. Oktober: Nationalfeiertag zum Gedenken an die Ablehnung eines Ultimatums des italienischen Diktators im Jahr 1940, das zum sofortigen Kriegseintritt von Griechenland führte.
25./26. Dezember: Weihnachten

Bewegliche gesetzliche Feiertage

Der Ostertermin und die davon abhängigen Termine der übrigen beweglichen Feste werden in Griechenland noch nach dem **Julianischen Kalender** berechnet. Sie können zeitgleich mit unseren, aber auch eine bis fünf Wochen später liegen.
Rosenmontag: 3. März 2025, 23. Februar 2026
Karfreitag: 18. April 2025, 10. April 2026
Ostersonntag/-montag: 20./21. April 2025, 12./13. April 2026
Pfingstsonntag/-montag: 8./9. Juni 2025, 31. Mai/1. Juni 2026

Geld, Kreditkarten

Am 1. Januar 2002 hat der **Euro** (€) die griechische Drachme als Landeswährung abgelöst. **Bargeldautomaten** sind in großer Zahl vorhanden. Sie zahlen auf Maestro-Karte oder Kreditkarten nach Eingabe der Geheimnummer meist bis zu € 500 pro Tag aus. Bei der Maestro-Card berechnet die heimische Bank meist Gebühren von € 5–6 unabhängig von der Höhe der Abhebung; auch bei Abhebungen mit Kreditkarten wird eine Mindestgebühr fällig. Es ist daher vorteilhafter einmal einen größeren Betrag als mehrmals kleinere Beträge zu ziehen.

Devisen werden von den Banken eingelöst, die sich in allen größeren Orten finden. **Banken**

Hoch über dem Ahláda Beach bei Sárti

sind Montag bis Donnerstag von 8 bis 14 und Freitag von 8 bis 13.30 Uhr geöffnet.

Kreditkarten, insbesondere Visa und Mastercard, werden in fast allen größeren Hotels sowie einigen Restaurants und Geschäften akzeptiert; lieber sehen die meisten Griechen allerdings Bargeld.

Hinweise für Menschen mit Handicap

Behindertenfreundliche Einrichtungen sind selten auf der Chalkidikí bzw. auf Thássos anzutreffen – ein Verzeichnis spezieller Hotels gibt es nicht. In staatlichen Museen wurden in letzter Zeit immer häufiger Aufzüge für Menschen mit Behinderungen eingebaut.

Internet

Informative Websites sind:
www.visitgreece.gr – Offizielle Website der Griechischen Zentrale für Fremdenverkehr.
www.odysseus.culture.gr – Die offizielle Webseite des griechischen Kultusministeriums informiert über fast alle Museen und Ausgrabungsstätten des Landes.
www.halkidiki.gov.gr – Offizielle Website des Regierungsbezirks Chalkidikí.
www.ktel-chalkidikis.gr – Aktueller Busfahrplan für die Chalkidikí.
www.halkidiki-hotels.gr – Die Website der Hoteliersvereinigung der Chalkidikí.
www.thassos.gr – Die offizielle Webseite der Gemeinde Thássos mit Bus- und Fährfahrplänen.
www.klausboetig.de – Hier bloggt der Autor dieses Reiseführers zu Themen aus ganz Griechenland.
www.thessaloniki.travel – Infos über Thessaloníki.
www.thessalonikiblog.com - Ausführliche Blog-Artikel zu vielen auch touristisch relevanten Themen in und um Thessaloníki.
www.griechenland.net – Die Website der einzigen deutschsprachigen Zeitung Griechenlands.
www.ekathimerini.com – Täglich umfassende englischsprachige Berichterstattung über Griechenland in der elektronischen Ausgabe der nationalen Tageszeitung »Kathimeriní«.

www.in-greece.de – Gutes Chatforum für alle Griechenland-Fans.
www.griechische-botschaft.de – Online-Informationsdienst der griechischen Botschaft in Berlin.
www.viva.gr – Die größte Ticketagentur Griechenlands vermittelt einen Überblick über Konzerte und Events im ganzen Land und verkauft die Tickets dafür.

Klima, Kleidung, Reisezeit

Die Chalkidikí und die Insel Thássos sind vorrangig **Sommerreiseziele**. Saison ist hier zwischen Mai und Mitte Oktober. Baden kann man allerdings noch bis weit in den November hinein; für Wanderungen ist die blühende Natur im April und Mai ideal.

Thessaloníki und Kavála lohnen jedoch als Städtereiseziele das ganze Jahr über einen Besuch. An Winterwochenenden belebt sich auch die chalkidische Halbinsel Kassándra durch zahlreiche Wochenendgäste aus der nahen Großstadt.

Medizinische Versorgung

Zwischen **Deutschland, Österreich** und **Griechenland** besteht ein **Sozialversicherungsabkommen**. Mitglieder gesetzlicher Krankenkassen können sich unter Vorlage der **European Health Card** von den Vertragsärzten der IKA kostenlos behandeln lassen. Kostenlos für alle und völlig unbürokratisch sind zudem Notfallbehandlungen in Krankenhäusern und in den ländlichen Filialen des National Health Centre (ESY).

Sehr viel einfacher und schneller erfolgt jedoch eine Konsultation bei allen Ärzten, wenn man bar bezahlt.

Hat man eine Auslandskrankenversicherung abgeschlossen, erhält man nach Vorlage von Diagnose und Quittungen die Auslagen nach der Heimkehr ersetzt. Mitglieder Privater Krankenversicherungen sind meist ohnehin weltweit geschützt.

Apotheken sind zahlreich, viele Arzneimittel sind hier auch ohne Rezept und oft sehr viel günstiger

Sonnenuntergang in Nikíti auf der Sithonía-Halbinsel

als im Heimatland erhältlich. Welche Apotheke gerade Nacht- oder Wochenenddienst hat, wissen in der Regel Taxifahrer am besten.

Mit Kindern auf der Chalkidikí und auf Thássos

Kinder sind in Griechenland überall willkommen. Vor allem während der drei Monate dauernden griechischen Sommerferien von Mitte Juni bis Mitte September sind sie auch spät abends noch mit den Erwachsenen in den Tavernen, bevölkern die Spielplätze (die hier *paidiká chará* = Kinderfreude heißen) oder spielen auf öffentlichen Plätzen Fuß- und Basketball. Spezielle Einrichtungen für die Kleinen sind hingegen selten, weil sie ja problemlos ins Leben der Erwachsenen integriert werden. So gibt es nur in wenigen Restaurants spezielle Kinderteller und Babyhochstühle. Beim Sitzen wird improvisiert, beim Essen serviert man halbe Portionen oder legt ihnen von den Tellern der Erwachsenen vor. Wer im Hotel oder Apartment ein Babybett benötigt, sollte das unbedingt bei der Buchung angeben.

Noch wichtiger als für Erwachsene ist für Kinder im Sommer ein guter Sonnenschutz. Ein Hütchen gehört ebenso ins Reisegepäck wie Badeschuhe, da der Sand am Strand glühend heiß werden kann. Griechische Ärzte verschreiben Kindern bereits bei leichten Erkrankungen Antibiotika. Wer das nicht schätzt, bringt besser andere Mittelchen aus der Hausapotheke mit.

Nachtleben

Zentren jungen Nachtlebens sind außer Thessaloníki im Hochsommer auch die Orte Kallithéa auf der Kassándra- und Néos Mármaras auf der Sithonía-Halbinsel. Auf Thássos ist zwischen Potós und Limenária im Inselsüden in Sommernächten am meisten los.

Sandspiele in Áfitos

Notfälle, wichtige Rufnummern

✆ **112** – Europäische Notrufnummer für Polizei, Krankenwagen, Feuerwehr

✆ **10 400** – Pannenhilfsdienst des griechischen Automobilclubs ELPA

Öffnungszeiten

Souvenirgeschäfte und **Supermärkte** öffnen in den Ferienorten im Sommer meist durchgehend von etwa 10 bis 23 Uhr. Für die **Geschäfte** in den Großstädten und Läden, die sich überwiegend an Einheimische wenden, gelten folgende Öffnungszeiten: Montag, Mittwoch, Samstag ca. 8.30 bis 15.30 Uhr, Dienstag, Donnerstag und Freitag ca. 8.30 bis 13.30 und 17 bis 20.30 Uhr. Viele große Supermärkte und Einkaufszentren am Stadtrand von Thessaloníki sind von Montag bis Samstag durchgehend von 9 bis 21 Uhr geöffnet.

Staatliche Museen und alle **archäologischen Stätten** sind meist dienstags geschlossen. Die Öffnungszeiten und Eintrittspreise findet man – leider nicht immer ganz aktuell – auf der Website des griechischen Kultusministeriums: www.odysseus-culture.gr.

Post, Briefmarken

Postkarten und Briefe in die deutschsprachigen Länder sind meistens zwei bis vier Tage unterwegs. Briefmarken erhält man bei allen Postämtern, beim Kauf von Ansichtskarten manchmal auch in Souvenirgeschäften und an Kiosken. Postämter sind in der Regel von Montag bis Freitag von 7 bis 14.30 Uhr und samstags von 7 bis 13 Uhr geöffnet.

Presse

Deutschsprachige Zeitungen und Zeitschriften sind in Thessaloníki ganzjährig, in den Urlaubsorten während des Sommerhalbjahrs fast alle noch am Erscheinungstag erhältlich, ebenso die in Athen jeweils mittwochs erscheinende deutschsprachige Griechenland-Zeitung (www.griechenland.net).

Die zahlreichen griechischen Rundfunksender strahlen hauptsächlich griechische Musik aus. Über die aktuellen Frequenzen der Deutschen Welle informiert man sich am besten im Internet unter www.deutsche-welle.de.

Auf den griechischen Fernsehkanälen laufen viele Filme in Originalsprache, hauptsächlich in Englisch, aber manchmal auch in Deutsch. Deutsche Programme können in vielen größeren Hotels via Satellit empfangen werden.

Rauchen

In allen öffentlichen Verkehrsmitteln, auf Flughäfen und in den Innenräumen von Schiffen, Restaurants, Cafés und Diskotheken ist das Rauchen offiziell untersagt.

Sicherheit

Trotz in den letzten Jahren gestiegener Kriminalitätsrate ist Griechenland noch immer ein relativ sicheres Reiseland. Die übliche Vorsicht ist insbesondere bei größeren Menschenansammlungen sowie nachts in den Straßen der Großstädte angebracht.

Sport und Strände

Nahezu alle **Strände** in Griechenland sind öffentlich zugänglich. Kurtaxe wird in keinem Badeort erhoben. Viele Strandabschnitte sind an Beach Bars und Liegestuhlverleiher verpachtet. Die Preise für **Strandmöbel** und Sonnenschirme sind ebenso unterschiedlich wie deren Komfort. Viele Tavernen stellen ihren Gästen Liegestühle und Sonnenschirme kostenlos zur Verfügung, ansonsten zahlt man meist € 3–6 pro Person und Tag. Trendige Beach Bars verlangen dafür aber zum Teil auch hohe Summen. Zwischen all den Verleihern gibt es immer auch genügend Flächen, auf denen man kostenlos sonnen und baden kann.

Rettungsschwimmer gibt es nur an viel besuchten Stränden, Duschen fast überall, wo Liegestühle vermietet werden. Umkleidekabinen sind eher selten.

Sehr nützlich sind **Badeschuhe**, die man in allen Küstenorten in großer Auswahl kaufen kann. Sie schützen nicht nur vor Kieseln, scharfkantigen Muscheln und Seeigeln, sondern machen auch das Laufen auf heißem Sand angenehmer.

Wassersportstationen findet man auf der Chalkidikí und auf Thássos vor fast allen größeren Hotels. Meist sind sie zwischen Mai und September in Betrieb. Zu den Standardangeboten gehören Windsurfing, Jet- und Wasserski. **Tauchschulen** haben sich auf den Halbinseln Kassándra und Sithonía angesiedelt. Motorboote bis zu 30 PS dürfen in Griechenland auch ohne Bootsführerschein gesteuert werden; Motorbootverleiher findet man vor allem in Ouranoúpolis auf der Halbinsel Áthos sowie in Vourvouroú auf der Sithonía.

Das **Wanderwegenetz** ist auf der Chalkidikí gut ausgebaut. Viele Routen sind bestens markiert, manchmal ist in den Hotels ein Wanderführer mit Wegbeschreibungen erhältlich.

Geführte **Mountainbiketouren** werden auf der Kassándra und auf der Sithonía sowie auf Thássos angeboten. Dort kann man auch an **Geländewagen-Exkursionen** teilnehmen. Von Thássos aus werden zudem **Ausflüge in die Néstos-Schlucht** auf dem Festland unternommen, zu denen eine Kanufahrt durch die Schlucht gehört.

Der einzige **Golfplatz** Nordgriechenlands wurde auf dem Gelände des Resorts Pórto Carrás bei Néos Mármaras auf der Sithonía angelegt. **Tennisplätze** bieten die meisten größeren Hotels.

Sprachhilfen

Auf der Chalkidikí und auf Thássos sprechen viele Griechen **Englisch** und oft auch ein wenig **Deutsch**. Speisekarten sind immer mehrsprachig. Orts- und Hinweisschilder sind fast immer in griechischer und lateinischer Schrift gehalten. Für die **Transkription** der griechischen Schrift in die lateinische gibt es keine allgemein verbindliche Norm, deswegen findet man Ortsnamen oft ganz unterschiedlich geschrieben. Das macht die Orientierung anfangs manchmal schwer. Sich das griechische Alphabet einzuprägen, ist auf jeden Fall nützlich – und macht auch Spaß.

Bei der Aussprache des Griechischen spielt die richtige Betonung des Wortes eine große Rolle. Betont wird immer der Vokal, der den Akzent trägt! Ansonsten sollte man darauf achten, alle Vokale kurz und offen auszusprechen.

Fähre auf Thássos

		Bedeutung	Aussprache
Α	α	Alpha	A
Β	β	Beta	W
Γ	γ	Gamma	G oder J (vor e und i)
	δ	Delta	Th (engl., stimmhaft)
Ε	ε	Epsilon	E
Ζ	ζ	Zeta	S (stimmhaft)
Η	η	Eta	I
Θ	ϑ θ	Theta	Th (engl., stimmlos)
Ι	ι	Jota	I oder J (vor Vokal)
Κ	κ	Kappa	K
Λ	λ	Lamda	L
Μ	μ	My	M
Ν	ν	Ny	N
Ξ	ξ	Xi	Ks
Ο	ο	Omikron	O
Π	π	Pi	P
Ρ	ρ	Rho	R
Σ	σ ς	Sigma	S (stimmlos)
Τ	τ	Tau	T
Υ	υ	Ypsilon	I
Φ	φ	Phi	F
Χ	χ	Chi	Ch
Ψ	ψ	Psi	Ps
Ω	ω	Omega	O

Kalí méra!	Guten Tag! (bis ca. 17 Uhr)
Kalí spéra!	Guten Abend! (ab etwa 17 Uhr)
Kali nichta!	Gute Nacht!
Jássuljássas!	Hallo! (Einzahl)/ Hallo! (Mehrzahl und Höflichkeitsform)
Jámmas!	Prost! Auf unsere Gesundheit
neelóchi	ja/nein
málista	jawohl
parakaló	bitte
Efcharistó.	Ich danke.
Efcharistúme.	Wir danken.
Típota	Nichts, nicht der Rede wert
Kírie	Herr (als Anrede)
Kiría	Frau (als Anrede)
Jermanía	Deutschland
Afstría	Österreich
Elwetía	Schweiz
Elláda	Griechenland
kalólkalílkala	gut
polí kaló/ kalílkalá	sehr gut
kakólkaká	schlecht
próchtses	vorgestern
chtses	gestern
símera	heute
áwrio	morgen
metháwrio	übermorgen
proí	morgens
apógewma	nachmittags
wráthi	abends
aristerá	links
deksjá	rechts
efthían	geradeaus
grígora	schnell
sigá	langsam
woíthja	Hilfe

Strom

Die Spannung beträgt landeseinheitlich 230 Volt Wechselstrom wie bei uns. Die üblichen zweipoligen Stecker passen überall.

Dem Erzengel Michael geweiht: das Kloster Archángelou auf Thássos

Telefonieren

Funktionierende öffentliche Telefonzellen gibt es in Griechenland kaum noch. Man telefoniert wie fast überall auf der Welt mobil. Akkus kann man in fast allen Tavernen und Hotels auf Nachfrage gern kostenlos aufladen; manchmal steht dafür sogar eine eigene Ladestation bereit. Beim Telefonieren mit dem eigenen Handy fallen schon seit 2017 innerhalb der EU keine Roaming-Gebühren mehr an.

Fast alle griechischen **Telefonnummern** sind sowohl im Fest- als auch im Mobilfunknetz zehnstellig. Festnetznummern beginnen mit einer 2, Mobilfunknummern mit einer 6. Die vollständige zehnstellige Nummer muss auch bei Ortsgesprächen gewählt werden.

Vorwahl Griechenland: + 30
Vorwahl Deutschland: + 49
Vorwahl Österreich: + 43
Vorwahl Schweiz: + 41

Trinkgeld

Dem Kellner schon beim Bezahlen durch Aufrundung des Betrages die gewünschte Trinkgeldhöhe anzugeben, ist in Hellas unüblich. Der Kellner wird glauben, dass Sie ihm unterstellen sich zu Ihren Gunsten verrechnet zu haben. Man lässt sich zunächst das Wechselgeld vollständig zurückgeben und lässt dann das Trinkgeld auf dem Tisch liegen.

Die Höhe des Trinkgelds bleibt natürlich auch hier dem Gast überlassen und sollte sich nach dessen Zufriedenheit richten. Trinkgelder unter einem Euro gelten allerdings eher als Beleidigung.

Unterkunft

Die **Chalkidikí** ist die bedeutendste Urlaubsregion auf dem griechischen Festland. Dementsprechend groß ist hier das Angebot an Unterkünften aller Art vom Luxushotel bis zum einfachen Apartment oder Pensionszimmer. Viele Herbergen sind hier allerdings ebenso wie auf der Insel **Thássos** nur zwischen Mai und Oktober geöffnet. Auf Thássos konzentrieren sich die größeren Hotels auf nur wenige Küstenorte, einfachere Quartiere gibt es jedoch rund um die Insel. Auch Campingplätze stehen in beiden Regionen zur Verfügung.

Thessaloníki verfügt als Messe- und Handelsstadt über ein besonders großes Hotelangebot. Die meisten Hotels stehen direkt in der Innenstadt, einige bieten auch unmittelbaren Meerblick. Eine rechtzeitige Vorausreservierung ist hier vor allem während der Messetermine anzuraten.

Alle Hotels, Pensionen und Apartmenthäuser in Griechenland benötigen eine Betriebserlaubnis der Griechischen Zentrale für Fremdenverkehr, EOT. Sie klassifiziert die Häuser. In der Preisgestaltung sind die Hoteliers jedoch frei. Die meist im Zimmer aushängenden, selbst gewählten Höchstpreise dürfen allerdings nicht überschritten werden.

Bei Ferienwohnungen unterscheiden die Griechen zwischen Studios *(gazoniéres)* und Apartments *(diamerísmata)*. Studios bestehen meist nur aus einem Wohn-Schlaf-Raum mit bescheidener Kochgelegenheit, Apartments meist aus mindestens zwei Zimmern und besser ausgestatteter Küche. Anders als beispielsweise in Dänemark werden Bettwäsche und Handtücher stets bereitgestellt, man braucht sie also nicht mitzubringen. Kosten für eine Endreinigung der Ferienwohnung fallen in Hellas nicht an.

Gesamtverzeichnisse aller Unterkünfte einer Region gibt es nicht. Am Informationsschalter der Hoteliersvereinigung sowie auf der Ankunftsebene des Flughafens von Chalkidikí ist aber zumindest ein Verzeichnis ihrer weit über 100 Mitglieder kostenlos erhältlich.

Verkehrsmittel

Linienbusse verbinden nahezu alle Dörfer Nordgriechenlands preisgünstig mit der nächstgelegenen größeren Stadt und diese wiederum mit Thessaloníki. Auf der **Chalkidikí** sind alle Orte durch Linienbusse mehrmals täglich mit der Großstadt verbunden. Auf der Halbinsel Kassándra bestehen jeweils gute Verbindungen zwischen den Orten entlang der West- und der Ostküste, Kassándra-Rundfahrten mit dem Linienbus sind aber nicht möglich.

Sightseeing-Tour mit dem Bus in Thessaloníki

Ferienanlage mit traumhaftem Panoramablick bei Áfitos

Gleiches trifft auf die Halbinsel Sithonía zu, wo die jeweiligen Linienbusstrecken an der Ostküste in Sykiá und an der Westküste in Pórto Koufós enden. Von der Áthos-Halbinsel gibt es keine Verbindungen zu den beiden anderen Fingern der Chalkidikí. Für Fahrten von der Sithonía auf die Kassándra ist in der Regel ein Umsteigen in Néa Moudaniá erforderlich.

Auf **Thássos** fahren Linienbusse von der Inselhauptstadt Liménas in alle Dörfer sowie mehrmals täglich auf der Küstenstraße rund im die Insel. Thessaloníki ist zwar in das griechische **Eisenbahnnetz** eingebunden, aber Bahnlinien nach Kavála und auf die Chalkidikí gibt es nicht.

Ein viel genutztes Verkehrsmittel in Griechenland sind die **Taxis**. In den Städten verfügen sie über ein Taxameter. Auf dem Lande heißen sie *agoraíon*. Der Tarif ist der gleiche wie für die Taxis, abgerechnet wird nach gefahrenen Kilometern anhand einer im Wagen ausliegenden Tabelle. In allen größeren Orten gibt es zentrale Taxi-Standplätze. Gegen eine geringe Zusatzgebühr kann man Taxis aber auch per Telefon rufen oder vorausbestellen.

Zuschläge zum normalen Kilometertarif werden für Gepäckstücke über zehn Kilogramm, für Fahrten von und zu Flughäfen sowie ab Bahnhöfen und Busbahnhöfen und in der Weihnachts- und Osterzeit erhoben. Ein spezieller Nachttarif gilt zwischen Mitternacht und fünf Uhr morgens.

Zeitzone

Die Chalkidikí und Thássos sind unserer mitteleuropäischen Zeit um eine Stunde voraus. Die Umstellung auf Winter- und Sommerzeit erfolgt in der gesamten EU gleichzeitig.

Zoll

Innerhalb der EU dürfen Waren zum eigenen Verbrauch unbegrenzt ein- und ausgeführt werden. Überschreitet man allerdings die im Richtmengenkatalog festgesetzten Grenzen (z. B. 800 Zigaretten), muss man im Fall einer Stichprobe glaubhaft machen, dass diese Mengen tatsächlich für den persönlichen Verbrauch und nicht zum Verkauf bestimmt sind. Nähere Infos unter www.zoll.de.

Schweizer Bürger dürfen nur 250 Zigaretten, 500 Gramm Kaffee, 1 Liter Spirituosen und 5 Liter Wein sowie sonstige Waren im Wert von CHF 300 zollfrei aus Griechenland einführen. ■

Die **fetten** Seitenzahlen verweisen auf ausführliche Erwähnungen, *kursiv* gesetzte Begriffe bzw. Seitenzahlen beziehen sich auf den Service.

& INFO GUIDES

Karte und E-Book inside

NEU 2024

- mit E-Book zum Download
- Top 10
- alle Highlights der Destination
- Vorschläge für eine oder mehrere Stadttouren
- Tipps zu Essen und Trinken, Nightlife, Shopping, Kultur, Sport etc.
- Chronik mit Daten zur Geschichte
- reisepraktische Hinweise
- Sprachführer (in ausgewählten Titeln)
- ausfaltbare Karte
- Format 11 x 21,5 cm
- 96 Seiten

E-Book inside

info@vistapoint.de · www.facebook.de/vistapoint

Christian Burger: S. 70
Fotolia/Aleksandar Todorovic: S. 37; Andreas Karelias: S. 86; Andrey Novikov: S. 2 o. r., 8, 21; Andrey Starostin: S. 17 o.; azamotkin: S. 19; Denis Korshunov: S. 91; Giuseppe Porzani: S. 69 u.; Hans Schlegel: S. 23; Iva Villi: S. 42; Julia Knopp: S. 3 o. l., 13, 29; Konstantinos Moraitis: S. 83; milosk50: S. 18; Nino Pavisic: S. 79; orest86: S. 39; Pavlos Triantafillides: S. 59; Per Varnemalm: S. 81; Robert Lerich: S. 65 u., 80; schneiderpics: S. 66; seeandsun: S. 2 o., 17 u.; Stelios Filippou: S. 78; verve: S. 31; Yuly Azrelyan: S. 36
Gerhard Haubold, Hattingen (GFDL-Bild): S. 61
Gerold Jung, Ottobrunn: S. 13, 24
iStockphoto/AleksandarDickov: S. 68; arousa: S. 34; Banet12: S. 47, 65 o.; Burak Demir: S. 77; dolphinartin: S. 73 o.; efesenko: S. 16; fotofritz16: S. 69 o.; lubilub: S. 87; mpalis: S. 71; Nikola Nastasic: S. 89; Olga355: S. 14, 20; PanosKarapanagiotis: S. 10; Reiner Kaufmann: S. 48; Remus Eserblom: S. 90; Rostislav Ageev: S. 4/5; Sasa Komlen: S. 30; sneska: S. 63; Stephan Zabel: S. 9 o.; verve231: S. 41
Klaus Bötig, Bremen: S. 6 u. , 46, 57 o., 58, 60, 62, 64, 67
Oliver Bolch, Maria Enzersdorf: S. 11, 24
Rainer Hackenberg, Köln: Schmutztitel (S. 1), S. 2 o. l., 3 o. Mitte, 3 o. r., 26, 35, 33, 38, 40, 44, 45, 50, 51, 52 o., 53, 54, 55, 73 u., 75, 85
Siegfried Kuttig, Lüneburg: S. 22, 27, 43, 52 u., 56, 84
VISTA POINT Verlag (Archiv), Rheinbreitbach: S. 6 o., 7, 25, 49, 57 u., 74, 82
Wikipedia (CC BY-SA 2.0)/Ronald Saunders: S. 72
Wikipedia(CC-BY-SA 4.0)/Christian Michelides: S. 15

Schmutztitel (S. 1): Kapelle bei Toróni auf der Halbinsel Sithonía
Seite 2/3 (v.l.n.r.): Néa Fókea auf der Kassándra-Halbinsel, »Umbrella«-Installation des Künstlers George Zongolopoulo am Hafen von Thessaloníki, Metéora-Kloster, Kassándra-Halbinsel, Ahláda-Strand nördlich von Sárti, Binnenland der Chalkidikí

Reihenkonzeption: Andreas Schulz & VISTA POINT-Team
Bildredaktion: Andrea Herfurth-Schindler
Lektorat: JB Bild|Text|Satz
Layout und Herstellung: Sandra Penno-Vesper, Potsdam
Reproduktionen: Henning Rohm, Köln; Noch & Noch, Datteln
Kartographie: Huber Kartographie GmbH
Gesamtherstellung: VISTA POINT Verlag GmbH, Rheinbreitbach

ISBN 978-3-96141-789-6

An unsere Leserinnen und Leser!
Die Informationen dieses Buches wurden gewissenhaft recherchiert und von der Verlagsredaktion sorgfältig überprüft. Nichtsdestoweniger sind inhaltliche Fehler nicht immer zu vermeiden. Für diese übernimmt der Verlag keine Haftung. Für Ihre Korrekturen und Ergänzungsvorschläge sind wir dankbar.

VISTA POINT Verlag
Rolandsecker Weg 30 · 53619 Rheinbreitbach
Telefon: +49 (0)2224/7795-0 · Fax: +49 (0)2224/7795-100
info@vistapoint.de · www.vistapoint.de · www.facebook.de/vistapoint